KB271741

취미의 산야초

전원편집부 엮음

전원문화사

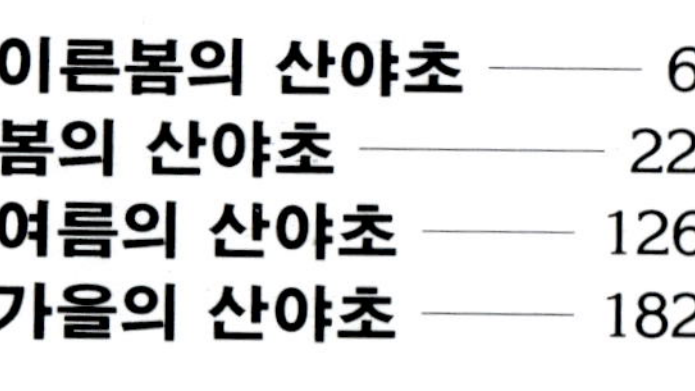

2

● 구성과 특징

① 컬러 사진 다음에 설명문

산야초의 성질과 재배의 포인트가 사진과 문장으로 구성되어 있다.

② 전체는 이른봄, 봄, 여름, 가을의 계절 순서로 배열

재배가 용이한 종류를 선택하여, 계절에 따라 개화하는 순서로 배열하였으며 그림을 보고 쉽게 알아보도록 하였다.

③ 재배의 포인트를 중심으로 해설

산야초의 성격은 세심한 주의를 요하기 때문에 더욱 깊은 애착이 간다. 따라서 이 책에서는 재배의 포인트를 중심으로 해설하였다.

④ 산야초 재배를 처음 시작하는 사람들에게 용이한 책

화분의 선택 방법, 배양토 만드는 방법, 번식시키는 방법의 여러 가지 등 재배를 처음 시작하는 사람이 알아두어야 할 기초적인 지식과 기술을 사진과 그림을 이용하여 설명하였다.

● 사용법

봄의 국화科	계절에 따른 컬러
가을의 장미科	개화기는 재배상의 계절이다

● 산야초 원예로의 권유

꽃가게나 아는 사람의 집을 방문했을 때 정원에 재배되어 있는 산야초(山野草)를 보고, 색다른 아름다움에 흠칫 놀라는 수가 있다. 산천 초목 등 자연에 관심이 있는 사람이라면 누구나가 경험한 바일 것이다.

원예 식물의 호화하며 화사한 꽃을 깨끗하다고 하면, 산야초의 그 풍취는 아름답다는 형용사로 대변된다고 생각된다. 화훼 원예(花卉園藝)의 화사함이나 분재(盆栽)의 위엄성 있는 모습에 익숙해진 눈으로 볼 때에는, 산야초의 소박하고 귀여운 풍정은 매우 신선한 인상을 받게 될 것이다.

그래서 곧바로 한 두 종류 구입하여 재배하기 시작하나 예상 외로 성질이 까다로와 제대로 키우지 못했다는 경험자의 솔직한 감상도 많이 있다. 그것은 충분히 원예화(園藝花) 되어 강건한 성질을 지니고 있는 화훼 원예의 각 종류와는 전혀 뜻하지 않는 경험이었을 것이다.

● 재배의 원칙과 포인트를 알자

산야초는 성질이 까다로와 재배함에 있어서도 각 종류마다 그 재배법이 달라져야 한다고해도 과언이 아니다. 그것을 이 책에서는 「재배법」으로서, 다른 종류와의 구별이 되도록 알 수 있게 해설하였다.

그러나 그 보다 더 중요한 것은, 산야초 재배에는 독특한 원칙이 있다는 것이다. 그 원칙을 알지 못하고, 귀여운 풍취만 동경하여 재배를 시작한다면 성공을 거두지 못하는 것이다.

예컨대 정원 흙을 파서 화분에 담는다……. 이 정도로는

산야초의 뿌리는 호흡을 할 수 없다. 시판하고 있는 여러 가지 배양토 중에서 한 종류만 구입하여 산야초를 심는다 ……. 이렇게 한 가지에 치우친 성질의 용토로는 식물은 생장하기 어려운 것이다. 겨울에는 추위를 타니까 햇볕에 쪼인다……. 이래서는 건조한 공기 중에서 식물을 햇볕에 말리는 것과 다름없다.

생명을 지닌 산야초를 재배하는 마음가짐은, 그 생명을 연약한 것이라 생각하고 돌봐주는 마음이어야 한다. 그러기 위해서는 우선 재배의 원칙을 아는 것이 전제 조건으로 이책의 끝머리의 해설 기사를 차분히 읽어 주기를 바란다.

● 산야초 원예의 마음가짐

야생 식물의 이용을 테마로 다루고 있는 산야초의 재배는, 야외에서 채취하여 시작하는 것이 아니다. 몇 대(代)든 실생(實生)을 되풀이하여, 원예적(園藝的)으로 생산되고 있는 것이 「재배되어지는 산야초」인 것이다.

안이한 기분으로 야외에서 마구 채취하는 것은, 생명을 가진 산야초 재배와는 전혀 동떨어지는 것이다.

산야초 재배가 일찍부터 왕성한 곳은 유럽인데 거기에서는 자연보호도 역시 잘 시행되고 있다. 「산야초 원예」와 자연보호가 양립하려면 우리나라에서도 산야초 원예가의 도덕성이 확립되어야 한다.

그윽한 멋이 있는 산야초 원예의 길잡이로 이 책이 도움이 되었으면 한다.

1989.2.　　전원 편집부

처녀치마

중의무릇

산자고

애기중의무릇

얼레지

처녀치마

[백합科]

[개화기] 3~4월

[분 포] 제주도와 울릉도를 제외한 전국에 분포한다.

[특 성] 산지의 다소 습기가 있는 곳에서 자라는 다년초로서 뿌리줄기가 짧고 곧다. 잎은 방석처럼 퍼지며 도피침형(倒披針形)이고 길이 6~20cm로서 끝이 뾰족하며 털이 없다. 잎의 중심으로부터 10cm 안팎의 꽃줄기가 자라나 정상부에 10송이 정도의 꽃이 둥글게 뭉쳐 핀다. 꽃 색깔은 붉은 빛을 띤 보라색이다. 처녀치마란 잎의 배열이 처녀가 치마자락을 펼쳐놓고 앉은 자세와 같다고 해서 붙여졌다고도 하고 일본 이름을 잘못 번역한 것이라고도 한다.

[재 배] 산모래와 공기가 잘 통하게 심어야 하며 물지님이 좋아야 하기 때문에 이끼나 부처손의 뿌리를 썬 것을 섞어서 심어 준다. 이렇게 해도 심하게 마르는 일이 있으면 얕은 물에 분을 담가 놓는다. 거름을 좋아하므로 깻묵가루를 20日 간격으로 준다. 물을 많이 주면서 바람이 통하는 반그늘에서 가꾼다.

[번식법] 개화 직후에 분갈이 할 때 포기나누기를 한다. 잎이 마르지 않도록 월동을 하면 잎의 끝에 싹이 트는데 이 싹의 뿌리가 자라면 잘라서 분에 심어도 번식이 된다.

[노 트] 꽃은 홍자색이 일반인데 변종으로 꽃이 흰색인 「흰처녀치마」도 있다.

중의무릇

[백합科]

[개화기] 3~4월

[분 포] 경기도 가평군과 광릉에서만 볼 수 있다. 산이나 들판의 양지바른 풀밭에서 난다.

[특 성] 이른봄에 꽃자루와 한 장의 잎이 자라나 7~8송이의 노랑꽃이 핀다. 꽃자루 상단부에 두 장의 잎이 붙어 있는데 이것은 꽃봉오리를 보호하기 위한 포엽으로 참된 잎은 아니다. 꽃은 볕을 쬐면 피고 어두운 곳에서는 오무린다.

[재 배] 물이 잘 빠지고, 여름에는 나무에 의해 그늘이 질 수 있는 자리에 심어 가꾼다. 분에 심을 경우 산모래에 부엽토를 20% 쯤 섞은 흙에 심어 준다. 과습이 되지 않도록 하며 땅에 심어 가꾸는 것이 안전하다. 꽃핀 후 잎이 쉬 말라죽는데 그 짧은 기간에 물거름을 일주일에 3~4회 주어 이듬해를 위해 힘을 키워준다.

[번식법] 분갈이할 때에 땅 속의 인경(鱗莖=비늘줄기)을 보면 구근의 바로 밑에 신장하여 뻗은 가지의 끝에 새 구근이 생기게 된다. 이것을 모체에서 떼어내는 것도 포기나누기의 일종이다.

8

그 밖에 꽃이 진 후 씨가 익기 직전에 채종하여 바로 묘상에 뿌리면 이듬해 봄에 발아하여 3년만에 개화한다.

애기중의무릇 [백합科]

[개화기] 3~4월
[분 포] 중의무릇과 같다.
[특 성] 잡목림 주변이나 산간의 밭 뚝에 피지만 건조한 땅은 좋아하지 않는다.
[재 배] 중의무릇과 같다. 다만 여름에는 땅 속의 인경(비늘줄기)이 썩기 쉬우므로 화분을 처마 밑 같은 곳에 간수하여 비를 피하고 물주기도 거의 하지 않는 것이 좋다.
[번식법] 중의무릇과 같다.
[노 트] 인경(비늘줄기)은 약용한다.

얼레지 [백합科]

[개화기] 3~5월
[개화기] 전국적으로 자라며 산지의 밝은 수림 속에 난다.
[특 성] 낙엽수림 속에 군생하며 알칼리성을 즐기는 듯 석회암 지대에 특히 많은 다년초. 잎은 두 장뿐이고 거의 땅에 붙어 마주 난다. 이른 봄 잎 사이로부터 5~10cm쯤 되는 꽃자루를 신장시켜 한 송이의 보랏빛 꽃을 피운다. 꽃은 6매의 꽃잎으로 이루어지는데 완전히 피면 꽃잎이 모두 위를 향해 솟아오른다.

[재 배] 초여름에 잎이 지기 시작하므로 3~5월 사이에 충분히 비배를 해 준다. 깊게 심어야 잘 자라므로 깊은 분을 이용한다. 다소 입자가 굵은 산모래에 부엽토를 30% 섞어 심는다. 물은 보통으로 주고 꽃이 핀 후 잎이 말라 죽으면 흙이 다소 마르도록 물을 적게 준다. 나무 그늘에서 여름을 시원하게 보내도록 한다. 거름은 봄철 꽃이 필 때까지 하이포넥스를 잎에 뿌려주고 꽃핀 뒤에 깻묵가루를 한 번만 분토 위에 놓는다. 포기가 쇠약해졌을 때는 분갈이를 해도 회복되기 어려우므로 꽃핀 뒤에는 땅으로 옮겨심어 1~2년 배양한다.
[번식법] 인경(비늘줄기)으로는 그다지 번식이 잘 되지 않으므로 씨를 뿌려서 모를 노지에 심는다.
[노 트] 잎은 나물로 먹으며 비늘줄기에서 녹말을 채취하여 식용과 약용으로 한다.

너도바람꽃

국화바람꽃

외대바람꽃

설앵초

큰설앵초

복수초

너도바람꽃 [미나리아재비科]

[개화기] 분재배에서는 2~3월, 노지 재배에서는 3~4월.

[분 포] 강원도 이북의 음지에서 자란다.

[특 성] 석회암 지대를 좋아하며 낙엽수 숲 속이나 주변에서 이른봄 입춘쯤 꽃을 볼 수 있는 소형의 다년초. 그러나 초여름에 벌써 지상의 줄기나 잎은 사라진다.

[재 배] 배양토는 가볍고 작은 돌(지름 3~5mm)을 50% 정도 섞어서 가급적 배수가 잘 되도록 한다. 땅 속의 알뿌리는 깊게 심지 말고 알뿌리 높이의 2~3배의 깊이로 심는다. 개화기에서 초여름까지 칼륨 성분이 많은 비료를 집중적으로 주고 화학 비료는 1주일에 2회씩 주는 것이 좋다.

[번식법] 구근으로는 잘 번식되지 않으므로 씨앗으로 번식시킨다. 봄에 채종하여 화분에 뿌리고 겨울에도 건조하지 않게 관리하면 이듬해 4월에는 발아하게 된다. 본엽이 2년만에 나와서 빠르면 3년째에는 꽃을 볼 수가 있다.

국화바람꽃 [미나리아재비科]

[개화기] 4~5월

[분 포] 강원도 이북의 숲 속에서 자라며 인가로부터 거리가 먼 산 속의 다소 그늘진 곳.

[특 성] 꽃은 연한 담자색이거나 백색이고 꽃줄기는 1개가 나오며 높이 10~30cm로서 털이 없다. 꽃받침잎은 꽃같고 10~13개이며 길이 2cm 정도로서 맑게 개인 낮에만 피고 흐린 날은 오무린다

[재 배] 너도바람꽃과 같다.

[번식법] 포기나누기와 실생. 9월에 분갈이를 하지만 그 때에 지하경이 분기했으면 그것을 잘라내서 번식시킨다.

[노우트] 이른바 「외대바람꽃」 종류 중에서는 이 종류가 가장 강건하고 꽃붙임도 좋아서 초보자에게 적당하다.

외대바람꽃 [미나리아재비科]

[개화기] 4~5월.

[분 포] 중부지방의 숲 속 양지바른 곳과 그늘진 개울가.

[특 성] 무리를 짓는 다년초로 한 줄기에 지름 4cm 정도로 한 송이의 꽃을 피운다. 즉 「1륜초화」이다. 꽃은 흰색이지만 저녁에 오무린 것을 보면 꽃잎(정확하게는 꽃받침이 변화한 것)의 바깥쪽이 담홍색으로 물든 것이 보인다.

[재 배] 약한 알칼리성의 배양토에 심기 때문에 잘게 부순 목탄, 산모래 따위를 보통의 배양토와 섞는다. 분은 반그늘에서 관리하며 비를 맞지 않게 한다. 꽃이 핀 후에서 잎이 지는 초여

름까지 일주일에 2회씩 칼륨 성분이 많은 화학 액비를 계속 준다.

[번식법] 국화바람꽃과 같다.

[노 트] 바람꽃 종류는 분재가 까다로우므로 재배법을 철저히 익혀 둘 필요가 있다.

설앵초 [앵초科]

[개화기] 5~6월.

[분 포] 한라산에서 자란다.

[특 성] 낙엽수림 속, 고산 바위 옆에 붙어서 자라는 다년초. 잎은 겨울에도 마르지 않으며 잎이 삼각형이라「삼각초」라고도 한다. 같은 종속에「노루귀」,「큰설앵초」등의 변종이 있어서 꽃색이 보라색, 핑크, 백색 등 변화가 다양하다. 이른봄 화원을 장식하는 것은 이러한 변종인 경우가 많다.

[재 배] 강건한 종류이지만 화분의 배수가 좋지 않으면 여름에 뿌리가 썩기 쉽다.

[번식법] 포기나누기로 번식시키는 것이 좋으므로 이른 봄에 분갈이 할 때에 번식시킨다.

[노 트] 꽃필 무렵에 전해의 잎이 남아 있어서 다소 보기 싫지만 전부를 일찍 제거해 버리면 초세가 쇠퇴하므로 개화 직전까지 남겨 두는 것이 좋다.

복수초 [미나리아재비科]

[개화기] 분재에서는 1~3월, 노지재배에서는 3~4월.

[분 포] 제주도·경기도·평북 및 함경도의 숲 속에서 자란다.

[특 성] 한랭지를 좋아하는 다년초로 산지의 밝은 숲이나 그 부근의 초원지대에 자생하며 개화기가 비교적 빨라 정월에 분재를 시작한다. 희랍신화에서는 아도니스라는 청년이 피를 흘리며 죽은 자리에서 피어난 꽃이라 하여 Adonis 라 했다. 재배의 역사가 길어서 변종된 품종도 적지 않다.

[재 배] 연초의 장식으로 팔리는 것은 작은 분에 뿌리가 꽉 차 있다. 그러므로 꽃이 지면 바로 6~7치의 큰 분에 이식하여 긴 뿌리를 충분히 신장시키지 않으면 안 된다. 6월 경에 잎이나 줄기가 지게 되므로 볕이 드는 곳에서 깻묵가루 등의 비료를 이 기간에 집중적으로 준다

[번식법] 9월에 분갈이를 할 때에 포기나누기를 하는데 1포기에 5~6 눈이 기준이다. 너무 세분하면 꽃붙임이 좋지 않다.

[노 트] 작은 분에 있는 꽃봉오리는 꽃을 피우기 어려우므로 볕을 잘 쏘이고 습도를 유지하면서 손 끝으로 싹비늘을 벗겨주면 개화한다.

피나물

깽깽이풀

좀현호색

들현호색

왜현호색

좀현호색

깽깽이풀 [매자나무科]

[개화기] 3~4월.

[분 포] 북부지방에 많이 나며 광주의 무등산과 중부지방에도 가끔 자생한다.

[특 성] 재배에 강건하며 매화와 같은 흰 꽃은 얕은 분에 무리를 지어 심으면 한결 앙증스럽고 재미있다.

[재 배] 5~10㎝ 정도 높이의 풀이지만 포기나누기로 잘 번식하므로 매년 포기나누기를 하면 쿠션 모양이 된다. 산모래 등으로 한 배양토를 접시분에 반구형으로 불룩하게 흙을 돋구고 그 위에 심는다. 분을 놓는 장소는 봄부터 장마철까지는 양지, 그 이후는 반그늘.

[번식법] 꽃이 진 후 바로 분갈이를 하며 포기나누기도 한다. 또 씨를 채취하여 바로 강모래 묘상에 뿌려 성장이 좋으면 2년에 꽃을 볼 수가 있다.

[노 트] 뿌리 부분의 쓴 맛을 건위제로 사용한다.

피나물 [양귀비科]

[개화기] 4~5월.

[분 포] 경기도 이북에서 자란다.

[특 성] 줄기의 높이는 30㎝, 잎 줄기 다같이 수분이 많고 부드럽다. 산지의 밝은 낙엽수 숲에 무리를 지어 자생

하는 다년초이지만 석회암 지대를 좋아한다. 자르면 황적색의 유액이 나오며 근경은 짧고 굵으며 옆으로 뻗는다.

[재 배] 직사광선에 약하므로 봄에도 꽃이 지면 반그늘에 둔다. 잎은 장마가 끝날 무렵에 사라지므로 이때까지는 매주 2회 정도 화학 액비를 주어서 포기가 충실해지도록 한다. 배양토는 가급적 가벼운 것으로 하고 분에 가꿀 때에는 모래에 3분의 1정도의 부엽토를 섞어준다. 특히 뿌리의 공기 유통이 좋은 것으로 한다.

[번식법] 9월에 포기나누기로 번식시킨다. 또 씨를 채취하여 냉장고에 보관하였다가 이듬해 봄 3월에 물이끼 상자에 뿌리면 잘 발아하게 된다.

[노 트] 풀 전체를 약용으로 하며 독성이 있으나 봄철에 나물로도 이용한다.

들현호색 [현호색科]

[개화기] 3~4월.

[분 포] 우리나라 전국에 자생하며 논밭 근처에서 자란다.

[특 성] 초봄에 피는 물색의 꽃은 사람의 이목을 집중시킨다. 산지의 숲 속이나 그 주변의 초원 지대에 현호색과 더불어 자생하는 다년초로 땅 속에는 지름 1㎝ 정도의 둥근 괴경이 있다.

[재 배] 꽃색은 물색에서 다소 연한 홍자색의 개체 변화가 있어서 화분마

다에 꽃빛을 구별해 놓는 것이 좋다. 배양토는 산모래 등의 통기성이 있는 것을 주체로 여기에 양질의 부엽토를 넣어 준다. 잎은 초여름까지는 사라짐으로 이 기간의 비배관리는 얼레지나 피나물과 같다. 잎이 없는 여름 동안에 괴경이 썩기 쉬우므로 잎이 지면서 9월까지는 비를 피해 주어야 한다.

[번식법] 10월 경부터 뿌리가 활동하므로 9월중에는 분갈이를 해준다. 그때에 괴경에 자구가 생겼으면 이것을 잘라서 번식시킨다. 또 꽃이 진 후 채종하여 물이끼 묘상에 뿌리면 20일 내외에 발아한다. 가을까지 엷은 액비를 주면서 모를 키워서 이듬해 봄에 이식을 한다.

[노 트] 현호색은 「玄胡索」으로 한 방약의 호칭이다. 중국산의 종류이지만 「댓잎현호색」이나 「좀현호색」의 괴경도 진통제로 쓰인다.

<table><tr><td>

왜현호색</td><td>[현호색科]</td></tr></table>

[개화기] 4~5월

[특 성] 10~15cm 정도로 자라는 숙근성의 풀이다. 연한 줄기는 약간 기운 상태로 자라며 잎은 두 번 세 갈래로 갈라져 있다. 봄에 하늘빛의 입술 모양을 지닌 꽃이 줄기 끝에 뭉쳐 피고 개체에 따라 꽃빛의 진하고 연한 차이가 있다.

[재 배] 꽃가게에서 알뿌리를 그대로 파는 경우가 있는데 이것을 일주일 정도 물에 담갔다가 화분에 심는다. 가급적 가볍고 물이 잘 빠지는 통기성이 좋은 배양토를 쓴다. 알뿌리는 특히 여름의 고온 다습에 약하므로 잎이 진 다음에는 처마 밑에 들여 놓고 알뿌리가 건조하지 않을 정도로 물주기를 제한하는 것이 안전하다.

[번식법] 씨뿌림에 의한 것이 좋으며 채종 즉시 이끼상에 뿌린다.

<table><tr><td>

좀현호색</td><td>[현호색科]</td></tr></table>

[개화기] 4~5월.

[분 포] 제주도 산록 지대에 자란다.

[특 성] 꽃은 홍자색이지만 드물게는 백색이다. 청자색도 있다. 현호색 가운데에서 꽃이 작기 때문에 좀현호색이란 이름이 생겼다. 재배하면 높이 15cm 정도로 몸집이 연하기 때문에 비스듬히 자라 올라가나 댓잎현호색이나 왜현호색보다는 강건하다.

[재 배] 분 속에 깊이 ⅓ 정도까지 굵은 왕모래로 채운 다음 산모래로 심는데 알뿌리가 놓이게 될 자리에 부엽토를 깔아 주면 잘 자라고 들현호색을 참고하길 바란다.

[번식법] 들현호색과 같다.

[노 트] 알뿌리는 진통제로 쓴다.

돌나리 (돌단풍)

괭이눈

돌나리 (돌단풍)

반디미나리

머위

민들레

돌나리 (돌단풍) [범의귀科]

[개화기] 4~5월.

[분 포] 충청도 이북의 냇가 바위 곁이나 바위 틈에 붙어서 자라는 다년초.

[특 성] 굵고 단단한 담홍색의 꽃줄기에 백색에 약간 분홍 빛을 띠는 꽃을 밀생시킨다. 이른 봄의 꽃으로서 산야초 애호가의 사랑을 받고 있다. 자생지에서는 계곡에 있는 암벽의 갈라진 틈에 일렬로 군생하고 있는 그 꽃망울의 끝이 붉게 물들어 있는 모양이 대단히 아름답다.

[재 배] 일반 분재 돌붙임, 이외에 암벽에 붙여도 재미있다. 비옥한 배양토에 물을 충분히 주면 매우 큰 대형이 되고 얕는 화분에 적은 배양토로 가꾸면 「소품분재」의 콤팩트 같은 아담한 정취를 즐길 수 있다. 반그늘을 좋아하며 비료 과다에도 강하지만 분갈이를 게을리하면 쇠약해지기 쉽다.

[번식법] 9월에 분갈이를 할 때에 반드시 포기나누기를 한다. 또 6~7월에 잎과 잎자루를 조금 붙여서 강모래에 꽂아도 번식이 잘 된다.

[노 트] 어린 잎과 꽃줄기를 식용한다.

괭이눈 [범의귀科]

[개화기] 3~4월

[분 포] 제주도와 중부지방 및 북부지방의 산 속 이끼를 입은 바위 등지에서 생육한다.

[특 성] 꽃으로 보이는 것은 꽃이 아닌 악편(蕚片)이지만 그 새하양과 꽃밥의 암홍색이 어울려서 은은한 아름다움이 이른봄의 정취를 느끼게 한다.

[재 배] 줄기의 높이는 5~20cm 내외이고 뿌리는 더 적어서 빈약할 듯 하지만 비교적 강건하다. 반그늘에서 재배하면 포기나누기가 잘 된다. 강모래를 주로 하여 가볍고 물지님이 좋은 흙으로 얕은 분에 심거나 그 돌을 수반에 담궈서 재배해도 좋다.

[번식법] 포기나누기, 실생, 꺾꽂이로 한다. 꺾꽂이는 6~7월 줄기를 절단하여 강모래 삽상(揷床)에 꽂는다.

[노 트] 이 그룹에는 꽃 주변의 색이 백·황으로 물드는 것과 이 꽃처럼 꽃이 희고 잎이 황색으로 물들지 않는 것이 있다. 그 중에서 괭이눈은 잎이 원형으로 보이며 잎가에 5개의 톱니가 뚜렷한 것이 특징이다.

반디미나리 [산형科]

[개화기] 6~7월.

[분 포] 한라산 정상 근처의 나무그늘.

[특 성] 이른봄 그늘진 길가에 희고 조그만 꽃이 밀집되어 피는 작은 풀이다. 줄기의 높이 10~25cm 누구나 보고

20

지나치지만 이름을 모르는 사람이 너무나 많다. 재배하면 번식도 잘 되고 강건하다.

[재 배] 키가 작으므로 접시 화분에 어울린다. 굵은 왕모래를 주체로 강모래를 조금 섞은 배양토로 다소 높직하게 심는다. 화분의 위치는 반그늘에 두고 다년초이지만 포기의 수명이 길지 않으므로 매년 분갈이와 포기나누기를 게을리 할 수 없다.

머위
[국화科]

[개화기] 4~5월.

[분 포] 제주도의 산록과 울릉도 그리고 남부지방의 산지와 길가 습지를 좋아하는 다년초.

[특 성] 지하경(땅속줄기)이 사방으로 뻗으면서 번식하며 이른봄에 5~45cm의 꽃줄기가 나오고 암꽃과 수꽃이 각기 다른 포기에 피는 숙근초로 잎은 꽃이 피고 난 뒤 땅속줄기로 부터 직접 자라며 땅 위에는 줄기가 없다.

암꽃의 경우에는 꽃이 피고 난 후 꽃줄기가 자라서 30cm 정도의 높이가 된다. 수꽃은 노란색으로 피고 암꽃은 희게 핀다. 머위의 꽃줄기를 관상하려면 이 뿌리털을 붙여서 캐내야만 한다.

[재 배] 수직의 지하경을 심는 것이므로 얕은 분에 심는다. 머위의 꽃줄기에는 암·수의 구별이 있어서 꽃이 질 무렵에 꽃줄기가 신장하는 것이 암그

루인 것이다. 어느쪽이건 꽃이 지면 다시 땅에 심는다.

민들레
[국화科]

[개화기] 4~5월.

[분 포] 전국에 분포하며 인가에 가까운 풀밭이나 길가 또는 담장 밑 등 양지바른 자리에 난다.

[특 성] 꽃이 선명한 황색으로 아름다워서 많이 재배하고 있다.

[재 배] 반그늘의 다습한 경사지에서 재배하는 것이 이상적이지만 분재배에서는 산모래에 부엽토를 섞어서 심는다. 뿌리줄기로 잘 번식이 되므로 다소 큰 화분을 사용한다.

[번식법] 9~10월의 분갈이할 때에 포기나누기를 한다.

[노 트] 그러나 최근에는 귀화 식물인 「서양민들레」에 밀려서 도시의 주변에서는 점점 적어지고 있다. 식물체에 쓴맛이 있는 백색의 유액이 있으며 유럽에서는 잎을 샐러드로 사용하며 뿌리를 커피 대용으로 쓰는 나라도 있다. 우리나라에 많이 퍼져 있는 「흰민들레」는 연한 잎을 나물로 하며 꽃 부분은 각종 종기에 붙인다. 또 산민들레는 어린 잎을 나물로 하고 뿌리는 약용으로 한다.

실꽃풀   산파

검정나리

패모

중국패모

좁은꽃패모

실꽃풀 [백합科]

[개화기] 5~7월.
[분 포] 한라산의 숲 속에서 자란다.
[특 성] 줄기의 높이는 15~30㎝ 정도로 백색의 꽃이 이삭처럼 붙어서 마치 병을 씻는 브러시처럼 시원한 풍정이 좋아서 즐겨 심는다.
[재 배] 반그늘에서 공기 중의 습도가 높은 환경을 즐기지만 너무 어두우면 꽃붙임이 좋지 않고 분 속에 물이 차 있으면 포기가 쇠약해지기 쉽다. 이끼와 강모래를 주체로 한 배양토로 분 속의 통기성을 유지하는 것이 중요하다. 또 겨울에는 서리를 맞히지 않도록 보호해 주어야 하고 극단적 건조는 피해야만 한다.
[번식법] 9~10월의 분갈이할 때에 포기나누기가 가능하다. 씨앗을 뿌려도 잘 번식이 되며 그런 경우에는 잘 여문 씨앗을 물이끼 묘상 또는 강모래 묘상에 뿌린다.

산파 [백합料]

[개화기] 5~8월.
[분 포] 북부지방에 분포하며 높은 산의 양지바른 풀밭에 난다.
[특 성] 다년생의 풀로서 땅 속에 길쭉한 구근을 가지고 있으며 꽃의 높이 20~50㎝의 담홍색이 되지만 순백의 품종도 재배되고 있다. 자생지에서는 바위가 많은 곳에서 볼 수가 있으며 재배품은 강건하다.
[재 배] 강모래 등의 가볍고 통기성이 좋은 배양토를 기본으로 심는다. 포기를 깊게 심지 말고 뿌리의 공 모양의 부분이 덮일 정도로 할 것이며 분갈이는 이른봄을 피하고 가을인 9월 경에 한다. 분은 하루종일 볕이 드는 곳에 두고 여름에도 그늘을 좋아하지 않는다.
[번식법] 9월의 분갈이 때에 포기나누기가 되지만 너무 잘게 자르지 말고 2~3구가 붙은 것을 1포기로 하는 정도가 적당하다. 실생은 씨앗이 완전히 여물기 직전에 채취하여 바로 강모래 묘상에 뿌리면 나중에 발아한다.
[노 트] 여러 해안에서 볼 수 있는 「큰산파」는 산파에 못지 않은 관상 가치가 있다.

검정나리 [백합料]

[개화기] 4~5월.
[분 포] 남부지방의 숲 속에 자생한다고 한다.
[특 성] 고산에 자생하는 것은 산검정나리인데 이것은 재배가 곤란하고 일반적으로 재배하는 것은 한랭지대에 자생하는 것으로 꽃도 크고 재배하기도 쉽다. 이것이 본 품종이다.
[재 배] 산모래와 부엽토를 섞은 가

벼운 배양토에 심는다. 화분의 표면에 비늘줄기의 윗부분이 보일 정도를 얕게 심지 않으면 봉오리 중도에서 생육이 정지하는 경우가 있다. 초여름에 잎이나 줄기가 지게 되므로 그때까지 매주 2회 정도 화학 액비를 주고 햇빛이 비치는 반그늘에서 관리한다.

[번식법] 9월에 분갈이를 할 때에 자구(子球)가 생기므로 이것을 독립시켜서 번식시킨다. 또 비늘줄기의 작은 비늘이 흐트러지기 쉬우므로 이것을 모아서 화분에 뿌리고 엷게 복토해 놓으면 싹이 튼다.

중국패모 [백합科]

[개화기] 4~5월.

[분 포] 북부지방에 자생한다.

[특 성] 중국 원산의 식물이며 패모라는 이름은 한방 약용으로 유명하다. 꽃의 은은한 멋이 사람들을 즐겁게 한다.

[재 배] 산모래에 부엽토를 섞은 가벼운 배양토에 심는다. 다소 반그늘을 좋아하는 성질이 있으며 뜰에 심어 가꾸는 경우에는 북풍을 막을 수 있는 것이 좋다.

[번식법] 검정나리와 같다.

패모 [백합科]

[개화기] 4~5월.

[분 포] 함경도의 산지에서 자란다.

[특 성] 줄기의 높이 25cm 내외의 구근식물이다. 흰빛에 가까운 연보라색을 띤 종같은 형의 조그마한 꽃이 은은하고 가련하여 즐겨 재배하고 있다.

[재 배] 요령은 중국패모와 흡사하여 역시 다소 반그늘에서 관리하고 비늘줄기도 구환(球丸)의 높이의 1~2배의 깊이로 심는다.

[번식법] 그다지 구분을 하지 않으므로 비늘조각을 벗겨서 번식시키든지 실생을 하든지 한다. 바늘 조각을 검정나리와 같은 방법으로 한다. 실생은 씨앗을 채취하여 뿌리면 이듬해 봄에 발아하게 된다. 뜰에 심는 경우에는 북풍을 막을 수 있는 장소를 선택한다. 분에 심어 가꾸는 경우에는 산모래에 부엽토를 30% 정도 섞어서 쓴다. 봄부터 잎이 말라들 때까지는 양지바른 자리에서 가꿀 것이며 6월 이후의 휴면기에는 시렁 밑으로 옮겨 놓는다. 거름은 10월 상순경부터 월에 3~4회 정도 묽는 물거름을 주되 겨울에는 중단하고 봄부터 다시 주기 시작하며 잎에 단풍이 질 때까지 준다. 분갈이는 휴면기간중에 한다.

[노 트] 비늘줄기는 기침, 가래 또는 젖을 나오게 하거나 고름을 배출시키는 약으로 쓰인다.

큰애기나리

대륜연령초

말나리

연령초

큰연령초

큰애기나리 [백합科]

[개화기] 4~5월.

[분 포] 전국적으로 숲 속에서 자란다.

[특 성] 높이 30~70㎝이고 뿌리줄기가 옆으로 뻗으며 잎은 호생하며 긴 타원형이다. 꽃은 가지 끝에 1~3개가 밑을 향해 달리며 둥근 열매가 흑색으로 익는다.

[재 배] 산모래를 주체로 하여 가급적 배수가 잘 되도록 심는다. 거름은 깻묵가루를 화분 위에 약간만 뿌려주고 건조와 과습은 물론 더위와 추위에도 강해 특별한 취급을 할 필요는 없다.

[번식법] 주로 비늘조각을 벗겨서 번식시키며 실생도 가능하다. 하지만 실생으로 할 경우 개화까지는 4년 정도 걸린다고 한다.

[노 트] 어린 잎과 줄기는 나물로 먹는다.

말나리 [백합科]

[개화기] 6~7월.

[분 포] 지리산의 반야봉과 광릉에서도 채집된 바 있으나 주로 북부지방에서 자란다.

[특 성] 바퀴꽃의 잎사귀와 꽃잎이 젖혀진 풍정이 야취에 충만하다. 줄기의 높이는 50~100㎝ 정도로 잎은 줄기의 중간부에 4~9장이 둥글게 배열되어 위쪽에는 3~4장의 작은 잎이 어긋난 자리에 난다. 한여름에 줄기 끝이 3~4개로 갈라져 각기 한 송이의 주황색 꽃을 피운다.

[재 배] 거의 큰애기나리와 비슷하지만 낮은 지대에서 재배하자면 자생지의 환경과는 반대로 반그늘에서 관리하는 것이 좋다. 또 장마 이후에는 비를 맞히지 말고 물주기도 제한하는 것이 이들 고산성의 나리 종류를 가꾸는 포인트이다.

[노 트] 개체변이가 많고, 잎이 넓은 것과 좁은 것에서부터 꽃잎(화피편)에 반점이 없는 것과 자흑색인 것까지 있다. 이후의 재배에서는 이들의 변이형을 계통적으로 발취하여 보존하는 것도 재미있을 것이다.

연령초 [백합科]

[개화기] 5~6월.

[분 포] 북부지방의 숲 속에서 자라는 다년초.

[특 성] 하나의 줄기의 정상부에 마름모꼴의 잎사귀가 3매씩 달리고 그 중앙에 갈자색의 은은한 꽃이 핀다. 다른 종류에 비하여 화피편은 꽃잎처럼 발달하지 않고 꽃잎 같이 생각되는 것은 보이지 않는다. 그러나 또 잎이 전개하지 않고 절반 닫혀 있을 때의 모양은 과연 봄답게 싱그럽다. 산지의 숲

속 다소 습기가 많은 경사지를 좋아하
여 자생한다.

[재 배] 산모래를 주로 한 배양토에
소량의 부엽토를 첨가하여 재배한다.
꽃이 지면 그늘에 놓아두고 장마가 끝
날 때까지 일주일에 두 번 화학 액비를
준다.

[번식법] 9~10월에 분갈이할 때에
포기나누기가 가능하지만 포기나누기
를 너무 세분하면 꽃붙임이 좋지 않으
므로 실생에 의한 묘를 만드는 것이 좋
다. 종자는 흑자색의 과육에 싸여 있으
므로 이것을 물로 씻어서 화분에 뿌리
면 이듬해 봄에 발아한다.

[노 트] 연령초는 「延齡草」로 씌어
왔지만 그 어원은 분명치가 않다. 일본
및 미국산은 위장약, 수렴, 자극, 통경
및 거담제로 사용하고 우리나라 것도
같은 목적으로 쓰인다.

큰연령초 [백합科]

[개화기] 5~6월.

[분 포] 울릉도, 경기도, 강원도 및
북부지방의 깊은 숲 속에서 자라는 다
년초.

[특 성] 뿌리줄기는 짧고 굵으며 잔
뿌리를 많이 가진다. 줄기는 1~3대가
곧곧이 서 높이 20~40cm쯤 된다. 줄기
끝에 계란형의 잎 3장이 둥글게 나 있
으며 잎자루는 없고 5~6줄의 잎맥이
뚜렷하다. 잎이 배열된 한가운데로부터

2~4cm 길이의 꽃대가 자라나 지름 4
cm쯤 되는 꽃 한 송이가 핀다. 꽃의 색
깔은 흰색 또는 분홍색이고 세 개의 꽃
잎과 세 개의 꽃받침으로 이루어져 있
다. 재배법은 연령초와 같지만 장마중
의 직사광선에는 바로 잎이 타기 때문
에 반그늘에서의 관리에도 주의를 요
한다. 또 뿌리가 꽤 길어서 분재배에서
는 7~8치의 큰 화분을 사용해야 된다.
다음의 대륜연령초와 더불어 오히려
노지재배가 이상적이다.

[노 트] 꽃이 담자색을 띤 것이 있는
데 이것은 「연보라연령초」라고 한다.

대륜연령초 [백합科]

[개화기] 4~5월.

[분 포] 북아메리카.

[특 성] 큰연령초보다 꽃이 대형이
고 강건하다. 그래서 최근에는 조금씩
보급되고 있다.

[재 배] 큰연령초처럼 노지재배에
적합하다. 낙엽수의 그늘 밑에 경사지
를 만들고 부엽토를 주체로 한 배양토
에 심으면 생육이 좋다.

[노 트] 포기는 상처가 썩기 쉬우므
로 구입할 때에는 상처가 없는 것을 선
택한다. 연령초와 같이 위장약, 수렴,
자극, 통경, 거담제로 쓰인다.

은방울꽃

독일은방울꽃

각시둥굴레

애기나리

윤판나물

큰두루미꽃

은방울꽃 [백합科]

[개화기] 5~6월.

[분 포] 전국적으로 자생하며 들판이나 산의 풀밭 속에 나는 다년초.

[특 성] 높은 초원에 군생하는 종류이지만 일반적으로 재배하는 것을 별종인 독일은방울꽃인 경우가 많다. 동양종보다는 꽃붙임이 좋고 강건하므로 환영을 받는다. 동양종에 비하여 꽃은 얕은 종형(鍾形), 꽃밥의 색깔도 동양종이 황색인데 담녹색이다.

[재 배] 어떤 종류에서나 공통된 것은 꽃붙임을 좋게 하는 것이다. 그 대책은 일광을 충분히 쏘일것, 뿌리를 깊이 묻지 않을 것, 비료를 충분히 줄 것 등이다. 산모래를 주체로 부엽토를 섞어서 심는다. 포기는 그다지 잘게 나누지 말고 9월 경의 분갈이는 반드시 실시한다.

[번식법] 포기나누기로 잘 번식된다.

[노 트] 장과(裝果)는 둥글며 지름이 6mm 정도로 적색이다. 뿌리와 더불어 강심 및 이뇨제로 쓰인다.

각시등굴레 [백합料]

[개화기] 5~6월.

[분 포] 전국적으로 산야에 자란다.

[특 성] 산지 해안 등의 모래땅에 뿌리줄기를 길게 뻗으며 생장한다. 진황

정이나 둥굴레의 한무리이지만 그 중에서 높이가 15cm 내외의 가장 콤팩트한 자태로 많은 사랑을 받아 오래 전부터 산초계에서 재배해오고 있다.

[재 배] 강건한 종류이지만 분재할 때에 배수가 나쁘면 포기가 썩는 경우가 있다. 강모래에 소량의 부엽토를 섞으면 통기성을 유지하게 되며 뿌리줄기를 높이고 깊이 심지 않도록 한다. 화분을 놓는 장소는 양지바른 곳이다.

[번식법] 가을의 분갈이 때에 부러져서 떨어진 뿌리줄기가 많이 나온다. 이것을 다른 화분에 얕게 묻으면 이듬해 봄에는 발근하여 묘를 얻게 된다.

[노 트] 장과의 연한 부분을 나물로 한다.

윤판나물 [백합科]

[개화기] 4~6월.

[분 포] 중부이남과 제주도 및 울릉도에 분포한다. 진황정, 둥굴레, 윤판나물 이들의 꽃은 모두가 녹백색으로 조금 쓸쓸한 느낌이지만 그 중에서 이 꽃만은 황금색의 대륜화를 자랑한다. 노지재배에도 적합하지만 분재를 하면 줄기가 총생하여 높이 30cm 내외에서 개화한다.

[재 배] 각시등굴레보다 다소 다습한 곳을 좋아한다. 산모래에 약간의 부엽토를 섞은 배양토를 기준으로 배수가 잘 되도록 심는다. 땅속줄기(지하경)

는 굳고 거기에서 줄기가 밑생하지만 이것을 너무 잘게 가르면 쇠약해지므로 주의를 요한다.

[번식법] 9~10월의 분갈이 때에 크게 뻗은 포기에서는 3개 정도 갈라서 번식시킨다. 어린 순과 줄기는 나물로 먹는다.

애기나리 [백합科]

[개화기] 4~5월.

[분 포] 중부 이남과 제주도의 산지 숲 속에서 자란다.

[특 성] 숙근성의 풀로서 땅속줄기는 옆으로 기어가며 줄기는 높이 15~30cm로 마디마다 좌우로 약간 굴곡한다. 잎은 서로 어긋나게 나는데 생김새는 긴 계란꼴이고 평행으로 배열된 잎맥이 뚜렷하다. 가지는 치지 않으며 꽃색은 미색을 띤 흰색으로 가련한 아름다움을 간직하고 있다.

[재 배] 산모래에 부엽토를 섞은 흙에 심고 거름은 깻묵가루를 분 위에 약간 뿌려준다. 건조, 과습, 더위, 추위에 강해 특별한 가꾸기가 필요없다. 다만 여름에 반그늘에서 강한 바람이 닿지 않는 자리로 옮겨 물을 다소 많이 준다.

[번식법] 이른봄 분갈이할 때 포기나누기를 하여 번식시킨다. 뿌리가 얽혀 있어 뿌리를 희생시킬 각오를 하고 가르며 생육에는 지장이 없다. 어린 잎과 줄기는 나물로 한다.

큰두루미꽃 [백합科]

[개화기] 5~6월.

[분 포] 울릉도 및 북부지방의 고산지대에서 자라는 다년초.

[특 성] 잎의 밑부분이 비늘 같고 정상 잎은 2개로 난형(卵形), 심장형이고 두루미가 춤추는 것을 비유한 이름이다. 봄에 흰 꽃을 피우고 가을에는 열매가 붉게 익는다. 재배하여 열매를 관상하기까지는 상당한 경험을 요하게 될 것이다.

[재 배] 반그늘을 좋아하지만 봄부터 장마 전까지는 볕을 쬐고 그 기간에는 주에 2회 정도로 화학 액비를 준다. 장마가 본격적으로 시작되면 처마 밑에 놓아 비를 맞히지 말아야 한다. 여름 동안에도 물주기는 피하는 것이 낙과를 방지하는 포인트이다.

[번식법] 각시둥굴레와 같다.

[노 트] 낙과를 방지하는 근본적인 대책으로서는 실행을 거듭하여서 강건한 포기를 만드는 것이다. 포기나누기로 번식시키면 강건한 포기를 만들 수 없다. 「두루미꽃」과 비슷하지만 전체가 크고 뒷면에 털이 없으면 잎 가장자리에 희미한 톱니가 있는 것이 다르다.

로드히폭시스

등심붓꽃

노랑꽃창포

서양창포

각시붓꽃

붓꽃

로드히폭시스　　　　[수선화科]

[개화기]　4〜5월.

[분　포]　전국적으로 분포하며 원산지는 남아프리카의 고산지대.

[특　성]　강건하며 번식이 잘 되고 꽃도 밝은 색채이므로 봄의 원예용으로는 불가결한 존재. 그러나 북부지방에서는 추위를 타기 때문에 휴면중의 구근이 얼지 않도록 주의를 요한다.

[재　배]　볕이 잘 드는 장소에서 배수가 잘 되도록 심는다. 산모래와 부엽토를 섞은 배양토가 적합하다. 비료를 좋아함으로 완효성의 알비료를 밑거름으로 주고 따로 봄에서 8월까지 화학 액비를 일주일에 한 번 준다.

[번식법]　알뿌리가 분열하여 번식이 잘 된다. 9월의 분갈이에서 극히 작은 알뿌리만을 모아서 다른 화분에 심고 이것을 이듬해 봄에 비배하면 다음해에는 모두가 개화하는 포기로 성장한다.

붓꽃　　　　[붓꽃科]

[개화기]　5〜6월.

[분　포]　전국 각지의 산야에서 자라나는데 양지바르고 다소 건조한 곳을 좋아하며 물가나 습한 곳에서는 자라지 않는다.

[특　성]　높이 30〜50cm로 칼과 같은 길고 넓은 잎을 가졌다. 잎은 너댓장 겹쳐 자라며 그 속으로부터 긴 꽃자루가 자라나 남빛에 가까운 연보라빛 꽃이 두세 송이 핀다. 다년초로서 뿌리줄기는 옆으로 뻗으면서 새싹이 나오며 잔뿌리가 많이 내린다.

[재　배]　깊이가 있는 화분을 선택해서 산모래와 가벼운 흙으로 심으면 좋다. 물을 지나치게 주거나 물이 잘 빠지지 않을 때에는 여름철에 흔히 뿌리가 썩어 죽어버리기 쉽다. 거름은 늦여름부터 초가을까지 많이 주는데 물거름이 효과적이며 가끔 잿물을 주면 뿌리썩음을 막을 수 있다.

[번식법]　분갈이할 때에 포기나누기로 하며 꽃이 끝난 직후에 실시한다. 화분에서 키울 때에는 밀생시킬수록 키가 작게 자라 보기가 좋아진다.

[노　트]　민간에서 뿌리줄기가 옴 등의 피부병에 쓰인다.

등심붓꽃　　　　[붓꽃科]

[개화기]　5〜6월.

[분　포]　전국 각지의 산야에서 자라나며 북아메리카가 원산지이다.

[특　성]　다년초로서 높이 10〜20cm이고 원줄기는 편평하며 녹색이고 좁은 날개가 있다. 잎은 밑부분에 많이 달리며 양쪽 가장자리가 원줄기로 흐르며 윗부분은 뾰족하고 녹색이며 가장자리에 잔 톱니가 있다. 꽃은 지름

1.5㎝정도로 2~5개가 핀다.
[재 배] 붓꽃과 같은 방법으로 한다.
[번식법] 붓꽃과 같다.

노랑꽃창포 [붓꽃科]

[개화기] 5월
[분 포] 전국적으로 습한 곳에 자라
며 유럽이 원산이다.
[특 성] 다년초로서 연못가에 심으
며 잎은 나비 2~3㎝로서 길이가 1m
에 달하는 것이 있다. 꽃은 황색이며
꽃 밑에 2개의 큰 苞가 있다. 갈색 종
자가 나온다.
[재 배] 습지를 좋아하는 풀이기 때
문에 연못 속에 심어주면 잘 자란다.
흙은 논흙이 좋으며 뜰에 심어 가꿀 수
도 있으며 이 경우에는 부식질이 섞이
지 않은 땅을 골라 심어야 한다. 화분
에도 심어 가꿀 수 있는데 다소 큰 것
을 골라 논흙이나 밭흙으로 심는다. 흙
이 마르지 않게 충분히 물을 주고 거름
은 봄과 가을 그리고 꽃핀 뒤 깻묵가루
를 분토 위 서너 군데에 놓아 준다. 생
육기간중 햇빛을 충분히 쬐여주며 분
갈이는 꽃핀 직후 또는 이른봄에 실시
한다.
[번식법] 3~5개의 새로운 눈을 한 단
위로 뿌리줄기를 갈라 증식시키는데
꽃핀 뒤에 포기나누기를 할 때에는 모
든 잎을 20㎝ 정도의 길이만 남겨두고
잘라버려야 활착이 잘 된다.

각시붓꽃 [붓꽃科]

[개화기] 4월
[분 포] 전국각지의 양지바른 곳에
서 자란다.
[특 성] 땅속줄기는 가늘고 적갈색
의 섬유로 감싸여 있다. 뿌리는 가늘고
딱딱하며 암적갈색으로 뺏뺏한 느낌을
준다. 꽃이 필 때의 잎은 꽃줄기와 길
이가 거의 같지만 꽃이 진 다음 자라며
길이 30㎝, 나비 2~5㎜로 엽맥과 같은
여러 개의 돌기한 줄이 있다. 꽃은 지
름 3.5~4㎝로서 자주색이며 화경은 높
이 5~15㎝로서 4~5개의 苞가 있으나
가장 위의 포에서 1개의 꽃이 핀다.
포는 녹색이며 길이 4~6㎝로서 선형
이다.
[재 배] 붓꽃류에서 재배가 까다로
운 종류로 특히 배수불량에 약하며 포
기나누기를 자주하면 쇠약해진다. 미립
자의 가루를 뺀 산모래 또는 분재용 흙
으로 심되 분 밑에는 반드시 왕모래를
깔아 물빠짐이 잘 되도록 한다.
[번식법] 포기나누기와 실생에 의하
나 포기나누기가 간편해서 좋다. 포기
나누기는 이른봄이나 가을에 한다.

반하

큰천남성

무늬천남성

남산천남성

반하 [천남성科]

[개화기] 5~7월.

[분 포] 園圃에서 자라는 다년초.

[특 성] 초원 지대나 밭에 있는 잡초로 흔히 볼 수 있다. 잘 살펴보면 가련한 자태를 하고 있으며 이것이 신장하는 때가 여름 중간이라 하여 반하(半夏)라고 하는, 계절감을 느끼게 하는 반가운 풀로서 성질도 강건하다. 지하에 지름 1㎝의 구경(球莖)이 있다.

[재 배] 노지재배도 좋지만 역시 분재배가 가련함을 강조한다. 산모래와 부엽토를 반반씩 섞은 배양토에 심어 화분을 하루종일 볕이 잘 드는 곳에서 관리한다. 분갈이는 9~10월에 한다.

[번식법] 잎이 2장이 나오고 그것이 3개의 작은 잎으로 나뉜다. 여름에 그 작은 잎의 분기점에 작은 육아(肉芽 : 싹의 줄기에 해당하는 부분에 많은 양분을 저장하여 구상을 이룬 것)가 나온다. 이것이 성숙하면 손가락으로 떼어서 다른 화분에 번식시킨다. 포기나 누기로도 번식된다.

[노 트] 드물게는 꽃대의 안쪽에 자색을 띤 것이 있어서 「자색반하」라고 불리우는 아름다운 품종이다. 별명인 반하는 한방약에서 유래되는 이름이기도 하여 구경(알줄기)을 진해, 구토, 진정, 강심, 거담, 이뇨제로 약용한다. 독성이 있다. 예로부터 농경 식물로 귀

화된 것이라는 일설도 있다.

무늬천남성 [천남성科]

[개화기] 4~5월.

[분 포] 남쪽 섬에서 자라는 다년초로서 다소 어두운 숲 속에서 자생한다.

[특 성] 구경(알줄기)은 평평한 알형이며 작은 구경이 옆에 달리고 수염뿌리가 윗부분에서 사방으로 퍼진다. 잎은 1개이며 작은 잎은 9~17개로 선 모양의 피침형. 화서는 윗부분이 흑자색이고 채찍처럼 30~50㎝로 길어지며 현부 밑에서 위로 나와 곧추섰다가 밑으로 처지고 밑부분은 굵어지며 잔주름이 많으나 밑으로 내려갈수록 점점 가늘어진다. 꽃은 二家花이고 열매는 옥수수 알처럼 붙어서 적색으로 익는다.

[재 배] 5치 정도의 큰 화분에 잘 어울린다. 배양토는 반하에 준하지만 화분을 놓는 자리는 봄에서 꽃이 질 때까지 햇볕이 잘 드는 곳에 두고, 그 이후에는 그늘에 둔다. 8월까지 비배관리를 하고 9~10월에는 분갈이를 한다. 겨울은 극도로 얼지 않도록 주의할 필요가 있다.

[번식법] 가을의 분갈이를 할 때 땅속의 알줄기 주위에 새끼알이 붙어 있으므로 이것을 따서 번식시킨다. 또 실생도 된다.

[노우트] 알줄기를 거담, 진경제로 약

용한다. 독성이 있다.

큰천남성 [천남성科]

[개화기] 4~5월.

[분 포] 전남 및 경남의 계곡이나 남쪽 섬에서 자라는 다년초.

[특 성] 기후가 온난하고 공중 습도가 많은 반그늘을 좋아한다. 그러므로 바다에서 가까운 숲 속에서 흔히 볼 수가 있다. 구경(알뿌리)은 평평한 공 모양이고 위에서 수염뿌리가 사방으로 퍼지며 작은 구경이 옆에 달린다. 줄기가 자라면서 잎이 마주 나는데 세 개의 잎으로 갈라진다. 작은 잎의 모양은 계란형이고 표면에 윤기가 난다. 잎의 크기는 15~30㎝이고 봄에 잎줄기 사이로 꽃대가 자라나 푸른 빛과 흰 빛의 선이 교대로 규칙적인 배열을 보이는 기묘한 꽃이 핀다.

[재 배] 다소 대형이 되는 종류이므로 충분히 성장시키면 노지재배가 좋다. 분재배에서는 대륜 국화 재배용의 화분을 쓴다. 배양토는 반하와 같다. 봄에서 여름까지는 포기를 충실히 할 필요가 있지만 추운 곳에서는 기온이 상승하지 못하므로 생육이 둔해진다. 따라서 여름까지의 비배관리가 중요한 과제가 된다. 겨울에도 가급적 얼지 않도록 화분마다 스티롤 상자 등에 넣어서 온난한 장소에 넣고 극한과 건조에서 보호할 필요가 있다.

[번식법] 가을에 분갈이를 할 때 알줄기의 주위에 붙어 있는 새끼알을 떼어서 번식시킨다. 실생도 불가능하지 않지만 분재에서는 결실을 시키지 말고 잘라내어 포기를 충실하게 하는 것이 유익한 것이다.

[노 트] 이 천남성科의 산초들은 대개가 구토, 진정, 강심, 거담, 진경, 이뇨제의 약용인 것이 주목된다.

남산천남성 [천남성科]

[개화기] 4~5월.

[분 포] 산골짝의 그늘에서 자생하는 다년초.

[성 질] 희귀한 종류이다. 증식된 것이 꽃가게에 나오는 것을 볼 수가 있다. 성질은 큰천남성과 같지만 추위에는 강하다.

[재 배] 거의 큰천남성과 같지만 자태는 그것보다 다소 작으므로 분재배에서는 5~6치 크기의 분이 적당하다 반그늘을 좋아하지만 봄에서 장마까지는 양달에서 재배한다.

[번식법] 큰천남성과 같다.

[노 트] 잎은 삶아서 묵나물을 만들지만 뿌리에는 독성분이 있다. 알뿌리를 민간에서 구토, 진정, 이뇨제로 사용하며 잎도 마찬가지로 사용한다.

광릉요강꽃

개불알꽃

흰제비난

나비난초

광릉요강꽃 [난초과]

[개화기] 4~5월.

[분 포] 경기도 광릉의 죽엽산 및 경기 북쪽지역에서 자란다.

[특 성] 야생의 개불알꽃속의 일종. 삼목이나 노송나무의 숲 속이나 대밭 등에서 땅속줄기(지하경)를 뻗으면서 크게 군락을 이루고 있는 줄기의 높이 20~40㎝의 다년초. 꽃은 양달의 초원에 피는 개불알꽃에 흡사하지만 개불알꽃은 더운 곳에서는 재배가 곤란하다. 광릉요강꽃만은 아래의 재배법을 참고하여 노지재배를 하면 증식된다.

[재 배] 꽃가게에서 뿌리줄기(근경)를 구한다면 가을이나 이른봄이 좋다. 즉 잎이 없는 시기를 선택하는 것이 좋다. 심는 장소는 마당의 반그늘이 지는 곳에 경사지를 만든다. 경사면이 없으면 배후에 돌 같은 것을 쌓아서 높이고 파낸 흙을 성토하여 경사가 있는 화단을 만든다. 여기에 부엽토와 마당흙을 반반으로 섞어서 심는다. 용토의 두께는 20㎝ 정도로 한다. 포기는 깊이 심지 말고 지표에서 3㎝ 정도가 좋다.

[번식법] 노지재배에서는 3년에 한번 정도의 포기나누기가 필요하며 배양토에 부엽토의 보충이 필요하다. 이에 의해서 포기는 혼자서 퍼지게 되지만, 분재에 있어서는 번식될 때까지 적지 않은 숙련이 필요하게 된다.

[노 트] 잎은 자루가 없는 부채꼴로 2매가 거의 대생처럼 붙고 잎의 중심에서 꽃자루를 세우고 지름 8~10㎝의 큰 꽃을 탐스럽게 피운다. 황백색에 엷은 녹색을 띤 꽃은 볼 만하다.

개불알꽃 [난초과]

[개화기] 4~7월.

[분 포] 내륙산간의 산록에는 그늘에서 자라지만 산 위로 올라가면서 양지쪽 풀밭에서 자란다.

[특 성] 자생지는 주로 초원의 경사지로 재배하기 곤란한 종류로서 특히 분재에서는 포기의 번식이 어려워 잘 가꾸지 못한다. 뿌리줄기가 옆으로 뻗으며 마디에서 뿌리가 내리고 고냉지에서는 성공하고 있다. 그래서 여기에서는 고냉지에서의 재배 요령을 설명한다.

[재 배] 포기가 증식되도록 재배하려면 노지재배가 적합하다. 양지바른 곳에 경사지를 만들고 부엽토나 피트모스를 주체로 한 배양토에 심는다. 여름에는 반그늘이 되는 장소가 이상적이고 또 개불알꽃 자체가 다른 종과 혼식(混植)하는 것이 생육에 좋은 경향이 있으므로 고사리나 각시고사리 따위의 야초와 섞어서 심으면 좋다.

[번식법] 실생의 방법이 아직 확립되어 있지 않으므로 3년에 한 번 정도 포기나누기를 하여 번식시킨다.

[**노 트**] 북부 아고산 지대에서는 꽃이 크고 짙은 자색의 「왕개불알꽃」이 있다. 또 황색의 꽃을 붙이는 「털개불알꽃」도 일본 북해도에서는 노지재배로 증식시키고 있다. 또 중국이나 북미 원산의 근사종도 수입되고 있지만 성질이나 재배 포인트는 개불알꽃과 같다.

나비난초   [난초科]

[**개화기**] 6~7월.

[**분 포**] 경기도 이북의 습한 바위 틈에 자란다.

[**특 성**] 높이 8~15cm로 곧바로 자라고 구근이 있으며 거기에 비스듬이 서는 줄기에 2~3개의 잎을 붙이고 있다. 꽃은 지리적으로도 개체적으로도 변이가 많고 최근에는 그러한 변이가 투기의 대상이 될 정도로 확대되고 있지만 반면 아직 교배에 의한 원예화의 풍조는 보이지 않는다.

[**재 배**] 초보자가 실패하는 것은 대개가 과습에 의한 고사(枯死)이다. 이상적으로는 산모래, 강모래, 피트모스 등을 섞은 배양토로 옹기화분에 심어 비를 맞히지 말고 가꾸어야 한다. 봄에서 개화까지는 햇빛이 비치는 곳에 그 이후에는 반그늘에서 관리한다. 거름주기는 극히 묽은 화학 액비를 일주일에 1회 정도 준다.

[**번식법**] 포기나누기와 실생. 실생은 자란 보춘화 등을 미리 물이끼로 재배해 놓고 나비난초 씨를 뿌리의 주위에 뿌린다. 난초와 식물의 뿌리 곁이 아니면 발아하지 않는다.

[**노 트**] 시판되는 나비난초의 한무리에 「개제비난」「흑난초」 등이 있다. 전자는 잎이 줄기 밑에 붙고 꽃의 겉꽃잎은 비스듬이 서고 나비난초처럼 뒤로 젖혀지지 않는다. 후자는 겉꽃잎이 수평으로 펴지고 며느리발톱도 씨방(子房)보다 짧다. 어느것이나 재배 요령은 나비난초와 같다.

흰제비난   [난초科]

[**개화기**] 6~7월.

[**분 포**] 전국적으로 산간 습지에서 자란다.

[**특 성**] 골짜기의 암벽에 자생하며 나비난초보다 다습한 곳에 난다.

[**재 배**] 나비난초와 같다. 그러나 과습에는 나비난초보다 다소 강하기 때문에 부처손의 뿌리나 틈 속에 다른 종류와 섞어 심는 등의 응용적인 관상도 가능하다.

[**번식법**] 나비난초와 같다.

[**노 트**] 흰제비난과 같은 종속으로는 「병아리난초」가 재배되고 있다. 재배 방법도 같아서 좋으나 흰제비난보다는 다소 반그늘을 좋아한다.

손바닥난초

큰방울새난 (백화

큰방울새난

방울새난

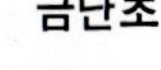

금난초

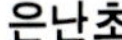

은난초

은대난초

손바닥난초 [난초科]

[개화기] 5~6월.

[분 포] 고산지역의 습지에 자란다.

[특 성] 눈이 많이 오는 지대에 분포하고 습기 있는 들에 자생한다. 흰제비난이나 병아리난초와 동속이지만 재배방법이 다소 다르므로 따로 설명한다.

[재 배] 물이끼를 전용한다. 흙은 강모래에 피트모스를 7 :3의 비율로 섞은 배양토에 심는다. 봄부터 꽃이 질 때까지는 양달에서 관리하고 그 이후에는 밝은 반그늘에 옮겨서 관리한다. 습지에서 자생하는 종류이므로 화분을 물에 담궈두어도 좋지만 7~9월의 더운 시기에는 오히려 건조한 정도로 가꾸는 것이 좋다.

[번식법] 포기나누기에서 자구(子球)가 떨어지므로 이것으로 번식시키지만 꽃이 진 후에 화서(花序) 중에 육아(肉芽)가 생기므로 이것을 떼어내어 물이끼 상자에 뿌려도 발아가 잘 된다.

[노 트] 꽃은 작지만 화분 가득히 퍼져서 만발하면 의외의 아름다움이 있다.

큰방울새난 [난초科]

[개화기] 6~7월.

[분 포] 남해안 내륙의 습한 지역에서 자란다.

[특 성] 산지 양달의 습한 들에서 보이는 다년초. 자생지가 대단히 산성이 강한 곳인 경우가 많다.

[재 배] 물이끼 전용이 아니면 산모래, 강모래, 피트모스 등을 섞은 배양토에 심는다. 봄부터 개화까지는 충분한 양달 또는 이 기간에는 물에 담궈두면서 관리하여도 좋다(물에 담군다는 것은 얕은 수반에 물을 채우고 화분을 그 속에 담구는 방법이다). 싹이나 봉오리를 괄태충 등이 갉아먹는 데에도 방비가 된다. 그러나 7월 이후는 선반에 올려서 다소 반그늘의 건조한 느낌이 들도록 재배한다.

[번식법] 땅 속에서 옆으로 뻗는 뿌리가 있으므로 가을의 분갈이 때에 이것을 잘게 절단하여 번식시킨다. 그러나 3~5cm 이하의 짧은 뿌리는 개화할 때까지 2~3년을 요하므로 너무 짧게 자르지 않는 것이 좋다. 다른 방법으로는 어미포기의 뿌리목에 씨를 뿌려서 실생묘를 만드는 방법도 있다.

[노 트] 잎이 한 장밖에 없는 종류이므로 잎을 손상시키면 포기가 충실하지 못하다. 「방울새난」과 흡사하지만 꽃만 보아도 쉽게 구별할 수 있다.

방울새난 [난초科]

[개화기] 6~8월.

[분 포] 경기지방, 강원도 대관령, 중부, 서해안 및 호남 내륙지방에서 자

란다.

[특　성] 큰방울새난을 닮아서 초원에서 볼 수 있지만 그보다 다소 습기가 없는 장소에서도 보인다.　꽃은 위를 향해 피고 거의 벌어지지 않은 통 모양 대로인 것이 쓸쓸함을 더하고 있다.

[재　배] 큰방울새난과 같지만 물이끼만으로보다는 산모래, 강모래, 피트모스 등을 섞은 배양토에 가꾸는 것이 포기가 충실해진다.

[번식법] 큰방울새난과 같다.

금난초 [난초科]

[개화기]　4~6월.

[분　포] 중부이남의 서해안과 서남해안의 대륙 및 한라산에서 낙엽수림 속의 밝은 곳.

[특　성] 밝은 낙엽수 숲 속에 피는 다년초로 어디서나 볼 수 있는 종류이지만 재배하면 강건한 편이 아니므로 온실 등에서 충분히 관리를 할 필요가 있다.

[재　배] 물이끼 전용으로 심는다. 물이끼는 화분에 반구형으로 가볍게 성토해 올리고 그 정상에 뿌리줄기를 올려 놓고 뿌리는 가급적　얕게 옆으로 벌려서 심는다. 뿌리가 의외로 많은 종류이지만 이것을 상처내지 않도록 신중하게 다룬다. 분은 온실 또는 하루에 3~4시간을 볕이 드는 처마 밑에서 관리하고 비를 맞히지 않는다. 시비는 엷은 화학 액비를 일주일에 1회씩 준다. 겨울에 너무 건조시키면 마르는 경우가 생긴다.

[번식법] 가을의 분갈이할 때에 포기나누기를 한다. 그러나　포기는 그다지 많이 퍼지지 않는다.

[노　트] 장마가 지나면 잎이 굳어지지만 그 이전에 줄기나 잎이 연해서 마르기 쉽다. 잎에 물을 너무 많이 주지 않도록 한다.

은난초 [난초科]

[개화기]　5~6월.

[분　포] 서해안과 서남해안 내륙에서 잡목수림의 따뜻하고 밝은 곳에서 자라며 금난초와 거의 동일한 곳에서 자생한다.

[특　성] 산야의 숲 속에서 자라는 다년초로서 흔히 볼 수 있는 것은 딴 종류인 「은대난초」일 것이다. 이것은 잎이 가늘고 뾰족하며 맥이 깊고 꽃술의 밑둥치가 바깥쪽으로 날카롭게 돌출되었고 은난초는 꽃술 밑둥치가 짧고 돌출되지 않았다.

[재　배] 금난초와 번식법도 같다.

[노　트] 꽃이 노란 것이 「금난초」흰 것이 은난초인데 은난초는 잎의 모양에 따르는 흰색 별종인 것이다.

49

붉은사철란

타래난초   타래난초의 꽃

털사철란

나나벌이난초

나리난초

옥잠난초

붉은사철란 [난초科]

[개화기] 6~8월.

[분 포] 남해안 도서지방 및 한라산의 밝은 잡목 숲 속에 자란다.

[특 성] 완도의 숲 속에서 자라는 상록 다년초로서 때로는 습기 있는 계곡의 암벽 등에서도 볼 수가 있다. 별종인 「털사철란」과 비슷하지만 붉은사철란쪽이 재배하기 쉽고 또 관상 가치가 높다. 그러나 어느 종류나 온실이나 비닐 프레임 등의 시설이 없이는 재배하기 어렵다.

[재 배] 물이끼 전용으로 토분에 심고 줄기의 밑둥을 너무 깊이 물이끼에 싸지 않는 것이 요령이다. 온실이나 프레임에서 재배하는 것은 비를 맞히지 않기 위해서 뿐아니라 뿌리는 다습하지 않게 하고 그 대신 공중 습도를 유지할 목적이 크다. 그러기 위해서는 물주기도 한 번에 다량으로 하지 말고 항상 가벼운 습기를 보존하도록 할 것이며 비료는 묽은 화학 액비를 주에 1회씩 준다.

겨울에도 온실이나 프레임 안에서 관리하지만 가온할 필요는 없다.

[번식법] 줄기가 잘 신장하는 털사철란은 중간을 잘라서 물이끼 상자에 줄기꽂이를 할 수 있다. 그러나 붉은사철란은 줄기가 짧으므로 주로 측아(側芽)를 떼어 물이끼상에 꽂아서 번식시킨

다.

[노 트] 「털사철란」은 꽃 밑둥이가 꽃받침과 길이가 비슷하며 밑부분이 통처럼 부풀고 안쪽에 털이 있어 털사철란이고 「붉은사철란」은 꽃이 붉다해서 주어진 이름이다.

타래난초 [난초科]

[개화기] 5~8월.

[분 포] 전국적으로 자생하며 잔디밭이나 논뚝 근처에 흔히 자란다.

[특 성] 꽃은 주로 봄에 피지만 때로는 가을에 피는 개체도 있다. 성질은 강건하다.

[재 배] 노지재배에서는 마당에 볕이 잘 들고 배수가 잘 되는 곳을 택하여 거기만 일시적으로 잔디를 파내고 산모래, 부엽토 등을 섞은 배양토를 넣고 심는다. 파낸 잔디는 흙을 털어서 타래난초의 표면에 가볍게 덮어 심는다. 이 때 타래난초의 뿌리가 깊게 들어가지 않도록 잔디 뿌리와 서로 엉킬 정도로 얕게 심는다. 분재는 비를 맞히지 말고 양달의 처마 밑 등에서 관리한다. 물주기도 잎이나 줄기가 젖지 않도록 주의한다.

[번식법] 뿌리가 방추형으로 부풀어서 그것이 때로는 포기나누기가 된다. 가을의 분갈이에서 이것을 떼내어 번식시킨다.

[노 트] 이 꽃은 분홍색이지만 흰 꽃

은「흰타래난초」라고 한다.

나리난초 [난초科]

[개화기] 5~7월.
[분 포] 경기도 이남의 산지 낙엽수림의 응달에서 자생하는 다년초.
[특 성] 꽃은 은은한 암자색으로 다소 반투명한 것이 흡사 나래를 펼치고 우는 방울벌레 같다.
[재 배] 물이끼 전용으로 심고 비를 피하여 재배한다. 이상적인 것은 온실이나 비닐 프레임이 바람직하다. 봄부터 장마 때까지는 햇볕에 놓아두고 그 이후에는 반그늘 상태에서 관리한다. 그 밖의 요령은 금난초와 같지만 줄기의 밑둥에 붙는 위인경(僞鱗莖)의 상반부만은 물이끼에서 노출시켜 심는다.
[번식법] 위인경이 분구하므로 이것을 떼내어 번식시킨다.

옥잠난초 [난초科]

[개화기] 5~6월.
[분 포] 강원도 산간지방과 영호남 내륙과 한라산의 숲 속에서 자란다.
[특 성] 다년초로서 높이 20~30cm이고, 잎은 2개가 전년도의 줄기 옆에서 나오며 타원형이고 길이 5~6cm, 나비 2.5cm로서 가장자리에 주름이 지며 밑부분이 날개처럼 되어 서로 마주 안는다. 꽃은 연한 녹색이지만 자주빛이

돈다.
[재 배] 4월 하순경부터 구경의 밑부분에서 새촉이 자라나 잎이 벌어지고 뿌리가 나오기 시작한다. 늦가을이 되면 묵은 구경의 잎과 뿌리가 죽으면서 새촉의 구경만 남는다. 재배 상태에 따라서 크기가 달라지므로 한두 개를 심어 기르는 것보다 여러 개를 모아 심어야 보기 좋다. 습도가 충분한 곳에서 재배해야 하지만 비를 맞히는 것은 좋지 않다.
[번식법] 포기나누기로 한다.

나나벌이난초 [난초科]

[개화기] 5~6월.
[분 포] 한라산 및 서남해안 내륙과 강원 산간의 습지에서 자란다.
[특 성] 응달의 부엽토가 많은 곳에서 자라는 다년초로서 높이 10~15cm이고, 야생 상태에 따라 잎의 크기가 10cm 정도부터 1cm 정도의 극히 작은 모양을 갖는데 꽃도 변화가 있다.
[재 배] 산모래에 부엽토를 반 이상 섞어 그늘에서 관리한다. 추위에는 강하지만 습기에 약하므로 물빠짐이 잘 되도록 한다.
[노 트] 잎이나 꽃이 작으므로 모아 심기를 하면 빼어난 모습을 지니게 된다.

새우난초

금새우난

보춘화

금새우난

갈매기난초

약난초

새우난초 [난초料]

[개화기] 4~5월.

[분 포] 서해안의 해안선을 따라 남부지방의 숲 속이나 대밭 등에서 흔히 볼 수 있는 다년초.

[특 성] 땅 속에서 매년 새로운 위구경(僞球莖)이 생겨서 연주 상태로 이어진다. 그 모양이 마치 새우 같다고 해서 지어진 「새우난초」이다.

[재 배] 노지재배는 마당에 작은 경사지를 만들어 거기에서 부엽토만으로 재배시킨다. 반그늘의 장소라면 자연스럽게 잘 번식이 된다. 분재에서는 산모래와 경석의 잔 부스러기 등을 섞은 것에 약간의 부엽토를 넣어주어 배수가 잘 되도록 하여 심는다. 분의 자리는 봄에서 꽃이 질 때까지는 양달에 그 이후는 약간 밝은 반그늘에서 가꾼다. 여름의 직사일광을 쏘이면 잎이 타는 경우가 있으므로 주의를 요한다. 비료는 완효성의 고형 화학 비료를 분갈이 할 때에 극히 소량을 주는데 지나치게 많이 주면 뿌리 끝이 검어지면서 세력이 약하게 되므로 과다한 비료가 되지 않을 정도의 비료의 양을 미리 알아 놓는 것이 좋다. 겨울은 건조하지 않도록 담장의 북쪽 등 컴컴한 곳에서 관리하는데 그러한 그늘진 곳에 비닐 등으로 덮어 주면 더욱 이상적이다.

[번식법] 10월 또는 봄의 개화 직후에 분갈이할 때에 포기나누기를 한다.

[노 트] 새우난초 중에서 놀랄 만큼 높은 가격의 것이 있는 것은 원예 취미를 떠나서 투기의 대상이 되었기 때문이다. 그리고 그 대부분은 새우난초라는 종류 중에서의 꽃색이나 꽃의 형태의 변이에서 오는 것과 새우난초와 금새우난 등의 자연교배에 의한 잡종의 여러 형과 일본의 오키나와 등지에서 자생하는 별종인 3종의 그룹으로 대별할 수 있다. 새우난초를 재배함에 있어서는 미리 이 구별을 알아 둘 필요가 있다. 꽃이 담홍색인 것, 황갈색인 것, 오렌지색, 녹백색인 것 등 다양하다. 근경(뿌리줄기)을 민간에서 강장제로 쓴다.

금새우난 [난초料]

[개화기] 4~5월.

[분 포] 안민도 울릉도 및 제주도의 숲 속에서 자란다.

[특 성] 다년초로서 잎은 다음해 봄에 교체된다. 새우난초보다 전체적으로 크며 꽃은 밝은 황색이며 지방에 따라서는 숲 속에서 군락(무리)을 짓고 있다.

[재 배] 꽤나 대형이 되는 종류이므로 노지재배가 오히려 적합하다. 재배 요령은 새우난초와 같다. 눈이 쌓이는 지방에서도 그대로 좋지만 눈이 적고 한랭한 지방의 경우는 분재로서 겨울

에는 프레임 등에 넣어 건조에서 보호
해야 한다.
[번식법] 새우난초와 같다.

보춘화 [난초科]

[개화기] 3～4월.
[분 포] 백령도에서 남해안 구룡반
도를 연결하는 내륙 및 해안도서와 제
주도에 자생한다.
[특 성] 건조한 숲 속에서 자라는 상
록 다년초로서 굵은 뿌리를 사방으로
길게 뻗는다. 잎은 선형이며 길이 20～50
cm, 나비 6～10mm, 끝이 뾰족하고 가장
자리에 미세한 톱니가 있다. 꽃은 하나
의 꽃대에 한 송이가 피고 연한 황록색
이고 잎에 여러 가지 무늬가 나타나기
도 한다. 일부의 꽃 중에는 연한 향기
를 풍기는 것도 있다.
[재 배] 건조한 것을 좋아하므로 너
무 과습되지 않게 한다. 산모래에 부엽
토를 ⅓ 정도 섞어 심기도 하고 이끼에
싸서 키우기도 한다.
[번식법] 먼저 묵은 뿌리나 상한 잎을
깨끗이 정리한 다음 뿌리줄기를 갈라
내어 포기나누기로 증식시킨다.

갈매기난초 [난초科]

[개화기] 5～6월.
[분 포] 제주도 한라산 양지쪽의 습
한 풀밭에서 서남해안의 내륙에서 자

란다.
[특 성] 다년초로서 높이 40～50cm
이며 뿌리가 다소 굵고 옆으로 퍼지며
가장 큰 뿌리에서 새싹이 돋고 5～8개
의 큰 잎이 호생한다. 밑부분에 달린
3～5개의 잎은 긴 타원형이며 끝이 뾰
족하나 둔하고 밑부분이 좁아져서 엽
초(葉草 : 잎꼭지가 칼집 모양으로 되
어 줄기를 싸고 있는 것)로 되며 길이
12～20cm, 나비 4～7cm 이지만 그 윗부
분은 작아져서 苞와 연결된다. 꽃의 향
기와 색깔이 좋으며 2주일 정도 계속
피어나므로 꽤 즐길 만하다.
[재 배] [번식법] 모두 보춘화와 같
다.

약난초 [난초科]

[개화기] 5～6월.
[분 포] 내장산 이남 계곡 숲 속에서
자라는 다년초.
[특 성] 총채같이 생긴 꽃을 자세히
보면 안쪽의 꽃잎은 홍자색으로 쓸쓸
해 보이면서도 의외로 아름답다. 땅 속
에 숨은 듯한 위구경(僞球莖)이 있고
거기에서 1개의 잎이 나온다
[재 배] 새우난초와 거의 같다.
[노 트] 새우난초의 잎에는 세로 5
줄의 맥이 있지만 약난초에는 3줄의
맥밖에는 없다. 또 잎은 어두운 색으로
꽃이 없어도 구별이 된다.

석곡

풍란

나도풍란

이른범꼬리

오랑캐장구채

석곡(石斛) [난초科]

[개화기] 5~6월.

[분 포] 서남해안과 남해안 도서지방과 한라산 남부지방의 바위 겉이나 노출된 고목에 붙어서 자란다.

[특 성] 상록 다년초, 꽃은 숲처럼 많이 서 있는 줄기 중에서 3년째의 묵은 줄기에 달리며 이 줄기에는 대개 잎이 붙어있지 않다.

[재 배] 질화분에 물이끼를 공처럼 뭉쳐 올려놓고 그 위에 뿌리를 얕게 기게 하여 심는다. 깊이 심지 말아야 할 것과 물이끼 뭉치를 꽉 뭉치지 말 것이 포인트이다. 또 물이끼 뭉치를 노끈으로 공중에 달아매어 키워도 좋다. 약간 밝은 반그늘에서 관리하고 묽은 화학 액비를 월에 2~3회씩 준다.

[번식법] 물이끼 뭉치는 한 해 건너 교환하지만 시기는 3~4월이 좋다. 이때에 포기나누기로 번시시킨다. 꽃이 진 초여름에 줄기를 물이끼에 꽂아도 발근이 잘 된다.

[노 트] 고전 원예의 분야에서는 장생란(長生蘭)이라고도 한다. 전체를 건위및 강장제로 약용한다.

풍란 [난초科]

[개화기] 6~7월.

[분 포] 남부지방의 바위 겉이나 나무줄기에 붙어 사는 상록 다년초이다.

[특 성] 우리나라에 자생하는 난과 식물 중에서 향기가 제일 좋다. 잎자루 속에서 유백색의 뿌리가 신장하고 4~5년 동안 자란 잎자루 속에서 꽃대가 나와 3~10여 개의 꽃을 피운다.

[재 배] 분무기로 물을 주어야 할 정도로 과습해서는 안 되는 종류이다. 그러므로 분재를 하려면 3치의 질화분을 준비하고 분의 깊이와 같은 폭의 보르지를 통처럼 말아서 화분 속에 세운다. 그리하여 보르지의 통의 높이가 화분의 깊이와 같게 되었으므로 그 위에 물이끼를 반형으로 앉히고 여기에 풍란의 뿌리가 올라 타듯이 하여 뿌리의 끝이 조금 물이끼 속에 꽂힐 정도로 심는다. 밝은 반그늘에서 관리하여 비를 맞히지 말고 물주기는 주에 1회 정도 물이끼를 약간 적실 정도의 요령으로 한다. 겨울의 관리도 같다. 서리도 맞히지 말아야 한다.

[번식법] 포기나누기로 번식시킨다.

[노 트] 고전 원예의 분야에서는 부귀난(富貴蘭)이라고 하며 풍퓨로서 잎의 모양이나 무늬의 변이를 중시하고 다수의 품종이 전해져 오고 있다.

나도풍란 [난초科]

[개화기] 6~8월.

[분 포] 남부지방에서 상록 활엽수의 줄기에 착생하는 상록 다년초.

[**특 성**] 거의 풍란에 가깝지만 그보다도 더 추위에 약하다. 뿌리는 굵고 유백색으로 2~3년 계속 자란다. 길다란 잎은 두텁고 넓으며 윤기가 있는데 끝은 둥근 편이다. 꽃대는 연한 녹색으로 길게 처지며 자라서 2~10개 이상의 담홍색 꽃을 피우는데 향기가 좋다.

[**재 배**] 풍란과 같다.

[**노 트**] 꽃은 녹백색이며 꽃줄기는 옆에서 나오고 길이 5~12cm로서 4~10개의 꽃이 총상(總狀)으로 달린다.

이른범꼬리 [마디풀料]

[**개화기**] 4~5월.

[**분 포**] 한라산 정상 근처의 나무 그늘이나 바위 위에 밀생하여 자라는 다년초.

[**특 성**] 산지의 숲 속에서 군락을 지으면 땅 속을 굵은 뿌리줄기가 기어 나가면서 군데군데에서 잎을 가진 줄기를 내민다. 꽃은 피우지만 꽃의 높이는 3~5cm로 밀집하여 피므로 정말 가련해 보인다.

[**재 배**] 얕고 넓은 분에 산모래와 부엽토를 배합한 배양토에 재배한다. 굵은 뿌리줄기가 있으므로 이것이 감추어질 정도로 얕게 심는다. 화분은 5월 중까지는 양달에 그 이후에는 반그늘에서 관리한다. 노지재배는 낙엽수의 밑 등 경사지가 적합하다.

[**번식법**] 감자 같은 뿌리줄기가 잘 번식되므로 꽃이 진 직후 또는 10월의 분갈이할 때에 포기나누기를 하여 번식시킨다. 씨를 뿌려도 번식이 잘 된다.

[**노 트**] 이른범꼬리와 동속으로「눈범꼬리」나「범꼬리」등이 있어서 드물게 재배되고 있다. 이 중에서「눈범꼬리」는「이른범꼬리」와 같은 요령으로 재배되지만 다른 것은 양달에서 관리한다.

오랑캐장구채 [석죽料]

[**개화기**] 6~7월.

[**분 포**] 중부 이북의 산지에 자란다.

[**특 성**] 산지의 바위틈 등에서나 볼 수 있으며 갈색의 꽃통과 흰 꽃잎과의 대조가 아름다와서 오래 전부터 재배되어 왔다. 과습만 조심하면 성질은 강건하다.

[**재 배**] 산모래에 소량의 부엽토를 섞은 배양토를 가급적 배수가 잘 되도록 한다. 화분은 봄부터 계속 양달에서 관리한다. 매년 10월에 분갈이를 하여 포기를 나누어 주지 않으면 묵은 포기는 급속적으로 쇠약해지는 경우가 있다.

[**번식법**] 포기나누기, 줄기 꺾꽂이, 실생 등이다. 줄기 꺾꽂이는 6~7월에 강모래 삽상(挿床)에 한다.

가는잎할미꽃

매발톱꽃

동이나물

하늘매발톱

동이나물 [미나리아재비料]

[개화기] 4~5월.

[분 포] 북부지방의 산중 습지에서 자란다.

[특 성] 산지의 습한 곳이나 양달의 계곡 주변에 뿌리를 절반 물 속에 잠긴 채 생육하고 있다. 마당의 얕은 못에 심으며 바닥에 두터운 진흙이 있으면 번식한다.

[재 배] 논흙이나 산모래에 부엽토를 섞어서 만든 배양토로 질화분에 심어 못에 담궈도 좋고 얕은 수반에 물을 담고 가꿔도 좋다. 또 물분 등에 심는 방법도 있다. 어느 방법이나 물은 포기 목에 겨우 닿을 정도로 제한하고 지나치게 물 속에 빠지지 않도록 한다. 가급적 양달에서 재배한다. 비료는 정식할 때에 배양토 속에 완효성 고체 화학 비료를 밑거름처럼 섞어 넣는다.

[번식법] 3월에 분갈이를 하여 그때에 포기나누기를 한다.

[노 트] 변종에 「산동이나물」이 있다. 이것은 꽃이 진 후에 꽃줄기가 쓰러지고 줄기의 마디마다에서 발근하여 눈이 터서 증식이 된다. 이 두가지 종류는 각각 소형 품종으로 이것을 「누운동이나물」, 「흰동이나물」이라고 부른다. 또 꽃가게에서 「애기동이나물」이라고 팔고 있는 것은 유럽 원산인 전혀 다른 종류인 것이다. 어느 종류이든 재

64

가는잎할미꽃 [미나리아재비料]

[개화기] 4~5월.

[분 포] 제주도의 산록 양지에서 자란다.

[특 성] 다년초로서 높이 10~30㎝이고 굵은 뿌리가 깊게 들어가며 위 끝에서 많은 잎이 나온다. 꽃은 종형이고 길이 2.5~3㎝로서 밑을 향하며 겉에 털이 밀생한다.

[재 배] 뿌리가 굵고 길기 때문에 깊은 분을 써야하며 분 속에 굵은 왕모래를 3㎝ 정도의 깊이로 깐 다음 산모래로 심어준다. 거름을 좋아하므로 깻묵가루를 한 달에 한 번 분 위에 놓아주고 양지바른 곳에 둔다.

[번식법] 뿌리가 잘 신장하기 때문에 해마다 포기나누기를 겸해 11월 경에 분갈이를 해준다. 증식은 실생도 가능하다. 실생은 채종되는 대로 털을 잘라 버리고 분에 담은 모래에 뿌려주면 2주 뒤에는 싹이 튼다. 이것을 작은 분에 옮겨 심어 잘 가꾸면 2~3년 뒤에는 꽃이 핀다.

[노 트] 독성이 있으며 뿌리는 이질, 설사멈춤 및 신경통에 사용한다.

노루귀 [미나리아재비科]

[개화기] 3~5월.

[분 포] 전국 각지에 나는데 산 속의 낙엽수림 밑에서 볼 수 있다.

[특 성] 잎은 뿌리로부터 직접 자라 나며 겨울에도 말라 죽지 않는다. 잎은 얕게 세 개로 갈라져 세모꼴이며 이른 봄에 잎사이로 꽃대를 뽑아 지름 1~1.5㎝ 정도의 꽃이 한 송이씩 핀다.

[재 배] 산모래에 20~30%의 부엽토를 섞은 흙을 쓴다. 작은 분에 심어 가꾸어 해마다 갈아심을 필요가 있으나 그때마다 부엽토를 섞지 않아도 된다.

[번식법] 분갈이 때 포기나누기 한다.

[노 트] 약으로 쓴다.

하늘매발톱　[미나리아재비料]

[개화기] 7~8월.

[분 포] 낭림산 이북의 높은 산 중턱 이상의 암석지에서 자라는 다년초.

[특 성] 일찍부터 재배, 증식 되어 왔기 때문에 쉽게 꽃가게 등에서 구입할 수 있을 것이다. 기본형 이외에도 순백화형, 담홍색화 등이 있고 구미에서 들어온 것들도 인기가 높다.

[재 배] 산모래에 소량의 부엽토를 섞은 배양토에 심는다. 화분을 놓는 장소는 여름에도 햇볕이 비치는 곳이다. 꽃이 지면 말끔이 결실을 방지해야 포기가 잘 퍼진다.

[번식법] 주로 포기나누기로 번식시킨다. 분갈이는 9월 또는 3월이 적기

가 되며 그때에 포기나누기를 한다.

[노 트] 원예품 중 매발톱은 하늘매발톱이 대형화 한 것이다. 예컨대 하늘매발톱이라고 하더라도 몇 번씩 실생을 거듭하면 점차로 대형화하는 경향을 볼 수 있는 것이다. 그러나 분재배에 있어서는 콤팩트한 포기로 많이 모아심기를 하려는 취향이므로 그다지 실생을 하지 않고 언제까지나 포기나누기에 의존하여 꽃이 커지는 것을 제한하는 경향이다.

매발톱꽃　[미나리아재비料]

[개화기] 6~7월.

[분 포] 중부지방과 북부지방의 양지바른 산지.

[특 성] 매발톱류는 북반구의 온대에 약 50종이 분포되어 있지만 분재에 적합한 소형종은 외국산 중에서 선발한다면 우선 이 꽃을 선택하게 될 것이다. 꽃가게에서도 하늘매발톱과 더불어 볼 수 있는 종류이다. 햇볕이 잘드는 계곡에서 자라는 다년초이다.

[재 배] 하늘매발톱과 같지만 그것보다 다소 수분을 좋아하는 성질이 있으므로 산모래의 분량을 더한다. 번식법도 같다. 꽃이 연한 황색인 것을 「노랑매발톱」이라고 한다.

꽃꿩의다리

백작약

산작약

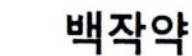

적작약

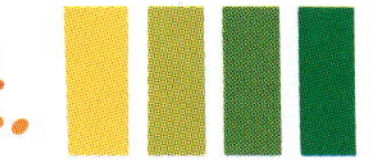

대상화(미나리아재비科)

해국(국화科)

바위떡풀
물매화
(범의귀科)

꽃꿩의다리 [미나리아재비科]

[개화기] 5~7월.

[분 포] 부산 근처와 여수의 흥국사 근처의 산지에서 자란다.

[특 성] 꿩의다리 종류 중에서는 가장 소형으로 꽃고 잎도 아름다우므로 꽃가게에서도 볼 수가 있다.

[재 배] 성질은 강건하며 과습에는 약하다. 산모래를 주체로 하고 소량의 부엽토를 섞어서 방추형의 뿌리를 깊이 심지 않도록 주의한다. 화분은 여름에도 햇볕이 비치는 곳에서 관리한다.

[번식법] 포기나누기 이외에 가지가 땅위를 기고 그 끝머리에 뿌리를 내려서 싹이 튼다. 이것으로 번식시킨다.

백작약 [미나리아재비科]

[개화기] 5~6월.

[분 포] 제주도를 비롯한 전국 각지에 분포하며 산지의 밝은 낙엽수 숲 속에서 자라는 다년초.

[특 성] 뿌리가 길고 굵으며 줄기는 곧곧이 서고 높이는 40㎝ 정도이다. 잎은 두 번 세 갈래로 갈라지는 복엽으로 잎 가장자리는 밋밋하고 잎 뒤는 가루를 발라 놓은 듯이 희다. 봄에 줄기 끝에 한 송이의 희고 풍만한 꽃이 피는데 항상 반 정도만 벌어지며 완전히 벌어지는 일은 없다. 가련한 자태가 사랑스

럽다.

[재 배] 노지재배에서는 마당의 낙엽수 밑에 마당흙과 부엽토를 반반으로 섞어서 심고 가급적 배수가 잘 되도록 한다. 뿌리는 수분을 좋아하므로 노지재배라고 하더라도 매일 한 번 물 주는 것을 잊지 말아야 한다. 분재에 있어서는 산모래와 부엽토 등을 섞은 배양토에 심는다. 뿌리줄기는 옆으로 기며 굵은 뿌리를 뻗으므로 분도 질분 7치 정도를 쓴다. 봄에서 꽃이 질 때까지는 매일 아침, 저녁으로 충분히 물주기를 할 것이며 그 이후에는 반그늘의 밝은 장소에 옮긴다. 7월에 들어서면서 물주기를 줄이고 화분의 흙이 건조 되듯이 관리한다.

[번식법] 10월의 분갈이 할 때에 하는데 이때에 큰 그루는 스스로 갈라지기 때문에 이것으로 번식하지만 일부러 뿌리줄기를 끊어서 포기나누기 하는 것은 삼가하는 것이 좋다. 실생은 가을에 채종하여 3월에 산모래의 묘상에 뿌린다. 채종은 9~10월, 자방이 스스로 벌어져서 그 속이 새빨간 씨와 흑청색 씨가 들여다 보인다. 이 중에서 빨간 것은 버리고 흑청색의 씨만을 채취하여 냉장고 등에 보존해 둔다. 뿌리는 진통, 진경, 부인병에 약용한다.

[노 트] 잎 뒷면에 털이 있는 것을 「털백작약」, 잎 뒷면이 털이 있고 암술대가 길게 자라서 뒤로 말리며 꽃이 적색인 것을 「산작약」이라 한다. 이 중에

서 잎 뒷면에 털이 없는 것을 「민산작약」이라고 한다.

산작약 [미나리아재비科]

[개화기] 4~5월.
[분 포] 전국적으로 자생한다.
[특 성] 백작약의 꽃은 기본적으로는 순백색이다. 그에 반해서 이 산작약은 꽃잎이 담홍색이며 드물게는 홍색을 띤 것도 있다. 백작약보다도 한랭지에 적응하는 종류이므로 한랭지에는 여름에도 비교적 서늘한 지역에서는 백작약의 반그늘에 비하여 이 종류는 양달에서도 심을 수가 있다.
[재 배] 대략 백작약과 같으나 겨울에는 백작약보다도 더욱 뿌리의 건조를 막는데 주의를 요한다.

적작약 [미나리아재비科]

[개화기] 5~6월.
[분 포] 전국적으로 자생한다.
[특 성] 잎은 가늘게 분열하여서 원예종의 작약에서 볼 수 없는 은은한 풍취로 산초계에서 사랑받고 있다. 동양에는 1920년 경에 들어온 듯하다
[재 배] 비배하면 구근 모양의 뿌리가 대형이 되므로 반그늘의 노지에 적합한 종류라고 할 수가 있다.
[번식법] 실생은 산모래 묘상에 뿌리고 포기나누기로도 번식킨다.

세바람꽃 [미나리아재비料]

[개화기] 3~5월.
[분 포] 제주도 한라산 정상 부근에서 자란다.
[특 성] 다년초로서 높이 10~20cm이며 뿌리줄기는 짧고 잔뿌리가 많으며 땅속줄기로부터 자라나는 잎은 짙은 녹색이고 세 갈래로 갈라진다. 줄기는 15cm 정도의 길이로 자라나 두세 개의 꽃자루를 가지게 되는데 꽃자루가 갈라져 나가는 자리에만 3매의 잎이 붙어 있다.
꽃은 5~7매의 흰 꽃잎으로 이루어지며 햇빛이 닿아야만 활짝 피고 흐린 날이나 저녁에는 아물어 버리는 버릇이 있다.
바람꽃의 하나로 꽃이 줄기마다 대개 세 송이씩 피기 때문에 세바람꽃이라 한다.
[재 배] 산모래와 부엽토를 반반씩 섞어 쓰고 물을 충분히 준다. 봄에는 해가 조금 비치는 곳에, 여름부터는 반그늘에서 관리한다. 거름을 좋아하므로 10일 간격으로 물거름을 주는 한편 가끔 재를 물에 타서 주는 것이 좋다.
[번식법] 포기가 커져 분 속에 가득 차면 분갈이를 해주게 되는데 이때 포기나누기로 증식시킨다. 실생을 할 경우에는 씨가 여물기 전에 채취하여 모래 위에 뿌려준다.

홀아비꽃대

꽃대

쥐방울덩굴

개족도리

족도리

홀아비꽃대 [홀아비꽃대料]

[개화기] 4~5월.

[분 포] 제주도를 비롯한 전국에 분포하며 주로 산야의 나무 그늘에서 자란다.

[특 성] 포기 하나에 많은 줄기에서 흰 꽃이 이삭처럼 주렁주렁 핀다. 꽃이 피기 직전, 줄기의 자색과 광택이 있는 어린 잎과 흰 꽃의 콘트라스트가 대단히 아름다워서 널리 재배되고 있다.

[재 배] 봄에 꽃의 모습을 보면 작은 분이 적합할 듯 하지만 사실은 뿌리가 길고 양도 많아서 적어도 5치 이상의 큰 분에 심는 것이 좋다. 배양토는 산모래와 부엽토 등을 같은 양으로 섞어서 심고 화분은 봄부터 장마철까지는 햇빛이 비치는 곳에 장마가 끝날 무렵부터는 반그늘에서 관리한다.

[번식법] 포기나누기로 잘 번식이 된다. 10월에 분갈이를 하면 이듬해 봄에 꽃눈이 분간되므로 그 눈을 3개 이상 붙여서 1포기를 만드는 요령으로 포기나누기를 한다.

꽃대 [홀아비꽃대料]

[개화기] 4~5월.

[분 포] 중부 이북의 숲 속이나 그 주변에 자생하는 다년초이지만 남부지방에서도 간혹 볼 수 있다.

[특 성] 홀아비꽃대와는 다르게 잎이 완전히 전개되고 꽃이 피기 시작하여 한 대의 줄기에 2~5대의 꽃대가 선다. 2대의 꽃대를 보았는지 일본 사람들은 「二人静」이라고 한다. 홀아비꽃대보다는 어느 정도 밝은 곳에 난다.

[재 배] 잎의 크기는 홀아비꽃대보다 대형이지만 뿌리의 분량은 그다지 다르지 않다. 그러므로 재배나 번식법은 홀아비꽃대와 거의 같다. 노지재배에서는 반그늘이지만 석양을 피할 수 있다면 양달도 괜찮다.

[노 트] 홀아비꽃대와 잎을 피우는 때의 구별점은 어느쪽이나 4매의 잎이지만 꽃대는 위쪽에서 대생하는 2매와 아래쪽의 2매와의 거리가 0.5~1cm 이상의 간격이 있다. 이에 비하여 홀아비꽃대는 아래, 위 2매씩의 간격이 없을 정도로 근접해 있어서 4매가 윤생한 것같이 보인다. 이것을 위윤생(僞輪生)이라고 하며 이것도 구별의 포인트가 되는 것이다.

개족도리 [쥐방울덩굴科]

[개화기] 5~6월

[분 포] 한라산과 완도의 숲 속에서 자라는 다년초.

[특 성] 산지의 다소 다습한 곳을 좋아하며 줄기는 땅에 붙어서 뻗고 그 중간에 2매의 잎을 대생으로 붙인다. 꽃은 쥐방울덩굴科 중에서는 희귀하게

담홍자색의 화사한 색을 띤다. 그 검소
한 아름다움이 눈길을 끌어서 일찌기
재배되어 온 종류이다.

[재 배] 얕은 분에 산모래를 담아 올
리고 그 위에 줄기를 절반 노출시키는
요령으로 심는다. 봄에 새 눈이 완전히
전개할 때까지는 양달에서 가꾸고 그
이후에는 반그늘에서 관리한다. 장마가
계속되는 사이에 하루만이라도 직사일
광을 쏘이게 되면 잎이 타기 쉬운 성질
이 있으므로 주의를 요한다.

[번식법] 포기가 번식이 잘 되므로 봄
에 꽃이 핀 직후나 9월의 분갈이에서
번식시킨다. 실생도 가능하여서 씨를
부드러운 모래 묘상에 뿌린다.

[노 트] 이 잎은 다른 쥐방울덩굴류
와는 달리 겨울에는 마른다.

족도리 [쥐방울덩굴科]

[개화기] 3~4월

[분 포] 산지의 나무 그늘에서 자라
는 다년초.

[특 성] 산지의 습한 숲 속에서 자란
다. 개족도리를 닮았지만 잎의 가장자
리에 개족도리처럼 흰 털이 없고 잎의
표면에도 깊은 주름이나 광택이 없으
므로 구별이 된다. 가장 현저한 차이는
꽃의 형태인데 개족도리의 꽃은 얕은
찻잔 모양으로 꽃잎이 없는데 족도리
에는 3매의 꽃잎이 있다.

[재 배] 재배의 요령과 번식법은 개
족도리와 같다.

[노 트] 뿌리줄기를 발한 및 두통에
약용한다.

쥐방울덩굴 [쥐방울덩굴科]

[개화기] 7~8월

[분 포] 전국적으로 산야 또는 숲 가
장자리에서 자란다.

[특 성] 다년생 덩굴식물로서 전체
에 털이 있다. 잎은 호생하여 심장형
또는 넓은 계란꼴 심장형이고 흰 빛이
도는 녹색이며 길이 4~10cm, 나비 3.
8~8cm이다. 꽃은 엽액(葉腋)에서 꽃
자루가 1개씩 나오고 꽃받침은 통 같
고 밑부분이 둥글게 커지며 안쪽에 긴
털이 있고 윗부분이 좁아졌다가 나팔
처럼 벌어진다.

[재 배] 번식법과 재배법 모두 개족
도리와 같이 한다.

[노 트] 전체를 이뇨, 통경 및 해독
제, 열매를 진정 및 거담제로 사용한다.

삼지구엽초

노랑삼지구엽초

상록삼지구엽초

매화삼지구엽초 (담자색형)

끈끈이귀개

끈끈이주걱

삼지구엽초 [매자나무科]

[개화기] 4~5월

[분 포] 경기도 이북의 계곡이나 나무가 듬성듬성 있는 숲 속에서 자라는 다년초.

[특 성] 인가 근처의 낙엽수 숲이나 그 주변에 핀다. 4매의 꽃잎이 밑둥치가 가늘고 길며 사방으로 돌출하는 며느리발톱으로 되어 있어서 1개의 꽃의 모습이 마치 배의 닻과 같다. 꽃은 황백색이 기본이지만 장소에 따라서는 담홍자색을 띠기도 한다. 원줄기 밑을 비늘 같은 잎이 둘러싼다. 조생엽은 잎자루가 길고 원줄기에서 1~2개의 잎이 호생하며 3매씩 2회 갈라지므로 삼지구엽초(三枝九葉草)라 한다.

[재 배] 노지재배나 분재배 모두 적합하다. 분에서는 산모래와 부엽토를 같은 양으로 섞어서 심는다. 뿌리에 공기 유통이 잘 되고 보수력도 유지시킨다. 분을 놓는 장소는 봄부터 꽃이 질 때까지는 양달에, 그 이후에는 반그늘에서 관리한다. 포기가 우거지기 쉽고 또 뿌리가 많은 종류이므로 10월의 분갈이를 게을리하면 안 된다.

[번식법] 분갈이할 때에 반드시 포기나누기를 한다. 많은 포기가 한 곳에 집중되어 있으므로 이것을 많이도, 적게도 갈라낼 수가 있지만 한 그루에 2~3개의 눈이 있는 적은 포기나누기를

하면 잘 재배하지 않았을 때 꽃붙임이 좋지 않다. 비료에는 강한 종류이다.

[노 트] 약용 식물인 「삼지구엽초」는 음양곽(淫羊藿)이라고 하며 강장, 강정제로 약용한다.

노랑삼지구엽초 [매자나무科]

[분 포] 중부와 북부지방에 분포하며 낙엽수 숲 속에서 볼 수 있다.

[특 성] 꽃은 엷은 크림색이 원형이지만 장소에 따라서는 짙은 홍색으로 피는 지역도 있어서 원예에서는 「농색삼지구엽초」라고도 한다.

[재 배] 삼지구엽초와 같다. 다만 본래의 자생지가 눈이 많이 오는 지대이므로 꽃피고 새잎이 생육하는 동안에는 눈이 녹는 대단히 다습한 상태에서 지낸다. 따라서 재배할 때에도 장마 때까지는 충분한 관수를 하지 않으면 점차로 그루가 쇄약해지므로 주의를 요한다.

[번식법] 삼지구엽초와 같다.

[노 트] 고산성의 종류인 구름구엽초는 노랑삼지구엽초의 뱀무늬 암석지대에 있어서의 변종이라는 학설도 있다.

노랑삼지구엽초에 비하면 잎이 어린 시기에는 잎 가장자리에 한 줄로 된 가는 털을 볼 수가 없다.

가꾸기는 노랑 삼지구엽초와 거의 같다.

상록삼지구엽초 [매자나무科]

[개화기] 4~5월.

[분 포] 북부지방에 분포한다.

[특 성] 상록삼지구엽초로서 잎이 겨울에도 마르지 않는다. 이 잎은 겨울에는 깊은 눈 속에서 지낸다. 꽃은 북쪽 지방에서 보면 흰 꽃이 많은데 서남쪽에서는 진홍색 꽃을 흔히 볼 수 있다.

[재 배] 삼지구엽초와 같지만 그다지 잘게 포기나누기를 하는 점은 좋아하지 않아서 지나치게 잘게 나누면 수년간 성장이 좋지 않다. 삼지구엽초 중에서 특히 이 종만은 그것이 현저하다.

[노 트] 월동하는 잎은 근생엽뿐이지만 이것은 여름에도 굳고 짙은 녹색으로 다소 광택이 있다. 익숙해지면 잎만 보아도 다른 종류와의 구별이 쉬울 것이다.

매화삼지구엽초 [매자나무科]

[개화기] 4~5월.

[분 포] 중부와 북부지방에 분포한다.

[특 성] 삼지구엽초류의 잎은 1매가 3개의 작은 잎으로 갈라지는 것이 통례이지만 이 종류는 1매의 잎이 2개의 작은 잎으로 갈라져서 마주하고 있다. 꽃에는 며느리발톱이 없다. 흰 꽃이 기본이지만 드물게 담홍색을 띠는 것도 있다. 건조에는 강하다.

[재 배] 삼지구엽초와 같지만 양달에서 가꿀 수가 있다. 또 포기나누기로 바로 세력이 회복된다.

끈끈이주걱 [끈끈이귀개科]

[개화기] 6~7월.

[분 포] 전국적으로 분포하며 산의 양지바른 곳에 형성된 습지에 난다.

[특 성] 꽃줄기는 높이 6~30cm로서 털이 없고 꽃은 백색이고 윗부분에 한쪽으로 치우쳐서 달린다. 꽃받침은 5개로 깊게 갈라지며 잎의 표면에 긴 선모(腺毛)가 있어서 이것으로 작은 곤충을 잡아먹는다. 볕이 잘 드는 산성 습지에 군생할 때는 빨간 천모가 마치 융단을 깐 것같이 보이는 다년초이다. 종지는 작고 양끝에 꼬리 같은 돌기가 있다.

[재 배] 얕은 분에 물이끼만으로 심든가, 물이끼에 보드라운 산모래를 섞어서 심는다. 화분을 놓는 곳은 양달. 뿌리가 빈약하여서 겨울에 화분의 표면이 얼면 포기가 쓰러져 굴러 떨어지므로 겨울에는 실내에 들여 놓아서 물에 담궈 놓는다.

[노 트] 분홍색 꽃을 피우는 「애기끈끈이주걱」도 끈끈이주걱과 같이 재배한다.

개양귀비

두메냉이

애기똥풀

애기장대

성주풀

개양귀비 [양귀비科]

[개화기] 4~5월.

[분 포] 유럽에서 들어온 관상용 2년초. 산정 부근의 암석 자갈 지대에 자생한다.

[특 성] 산초계에서는 씨를 뿌려 키운 묘가 시판되며 고산식물이지만 여름의 고온다습에 주의하면 재배할 수 있다.

[재 배] 산모래에 소량의 부엽토를 섞어서 먼지를 뺀 배양토에 분재배한다. 화분은 질화분이 좋다. 이식을 싫어하므로 모종을 구입하여 재배한다. 봄부터 장마가 들 때까지는 양달에서, 그 이후는 오전중에만 볕이 드는 처마 밑에 옮겨 놓고 비를 맞히지 말고 관리한다.

[번식법] 2년초이므로 포기를 오랫동안 재배하기는 곤란하기 때문에 매년 씨를 뿌려서 새로운 포기를 가꾸는 것이 좋다. 종자는 9월에 산모래 묘상에 뿌리고 약 2주 후에 발아하면 약한 것은 가끔 솎아준다. 본엽이 나기 시작하면서부터 아주 묽은 화학 액비를 주어서 늦가을에는 본엽이 4~5매 정도 달리도록 비배한다. 겨울은 볕이 잘 드는 방에 넣어서 잎이 가급적이면 늦게까지 남아 있도록 한다.

[노 트] 원예적으로는 시베리아 「개양귀비」나 유럽 원산인 「두메양귀비」

가 재배되고 있다.

애기똥풀 [양귀비科]

[개화기] 5~8월.

[분 포] 전국적으로 분포하며 마을 근처의 양지 또는 숲 가장자리에서 흔히 자란다.

[특 성] 이른봄의 꽃인 피나물과 동속이지만 애기똥풀은 인가 근처의 길바닥, 돌담의 틈, 양지의 숲 가장자리 등에서 흔히 자라는 2년초. 줄기는 공중에 높이 30~80cm로 전체가 부드럽고 분백색, 상처를 받으면 황색의 즙이 나온다. 꽃은 가지 끝에 황색으로 2cm 정도의 4개의 잎을 가진 꽃을 피운다. 그 황색의 밝고, 흰털에 덮인 백색의 줄기나 잎의 대조가 부드럽고 아름답다. 다만 줄기의 즙액에 닿으면 드물게는 피부에 수종이 생기는 사람이 있다. 원칙적으로 분갈이는 모종 때 이외에는 하지 않으므로 굳이 걱정할 필요는 없지만 부득이 꽃을 끊는다든가 할 때에는 장갑을 낀다.

[재 배] 2년초이므로 매년 종자를 뿌려서 묘를 만든다. 1년째는 근생엽대로 넘기므로 본엽이 3~4매 나왔을 때에 산모래에 부엽토를 섞은 배양토에 정식한다. 양달 또는 밝은 반그늘에서 재배하고 가급적으로 배수가 잘 되도록 한다.

[번식법] 씨는 산모래 묘상에 뿌린다.

2년째에 꽃이 핀 포기에 어린 포기가 붙을 때에는 떼내어 이것만으로 심지만, 어미 포기는 뽑아버린다.

[노 트] 유명한 약용식물로서 한방에서는 백굴채(白屈菜)라 한다. 주로 진통제, 단독 등에 약용, 옻에도 쓰인다.

성주풀 [현삼科]

[개화기] 8~9월.
[분 포] 동아시아의 열대에서부터 온대의 습한 풀밭에 자란다.
[특 성] 고산의 자갈지대에서 자라는 1년초로서 「고산식물의 여왕」이라고 불린다. 그러나 비교적 일찍기 재배법이 확립되어서 현재 시판되고 있는 것은 실생에서 증식된 것이다.
[재 배] 5~6치의 뚱뚱한 질화분을 쓴다. 산모래, 경석사, 부엽토를 같은 양으로 섞고 먼지를 잘 뺀 배양토를 쓴다. 뿌리목은 굵은 자갈을 3cm 정도 덮어서 심는다.
비료를 좋아하고 많은 비료에도 강하므로 봄부터 잎이 지는 여름까지 주에 2회씩 화학 액비를 계속 준다. 화분은 여름에도 양달에 놓는다. 6월 상순에 분갈이를 할 때 배양토를 바꾸어 주고 검게된 묵은 뿌리를 제거하면 봄에 발아하게 될 새잎이 바로 뻗게 되므로 이것을 가급적 늦게까지 남기면서 다시금 비배에 주력한다.

[번식법] 포기나누기, 실생, 휘묻이 등의 방법이 있다. 실생은 강모래 묘상에 뿌리며 충분히 물을 주고 분마다 보름 정도 냉장하면 발아를 보게 되지만 씨를 뿌리고 마당에 놓아두면 이듬해 봄의 4월말 경에 싹이 튼다. 휘묻이는 분갈이 할 때에 굵은 뿌리를 도중에 절단하고 자른 자리가 지표에 보일 정도로 얕게 산모래 묘상에 꽂는다.

애기장대 [십자화科]

[개화기] 4~5월.
[분 포] 전라도의 들판과 북쪽의 해안 암석지대에서 자란다.
[특 성] 가련한 자태가 사랑스러워서 오래 전부터 재배하여왔다. 몇 가지의 계통이 있는 듯하지만 그 중에서도 사할린 원산인 「두메냉이」의 자태가 가장 단정해서 관상 가치가 높다.
[재 배] 산모래에 소량의 부엽토를 섞어서 심는다. 꽃이 핀 후에는 특히 포기가 많이 퍼져서 엉키므로 꽃이 진 직후에 바로 분갈이를 하여 포기 사이를 넓히지 않으면 여름에 물크러져 마른다. 화분은 여름에도 양달에서 관리한다.
[번식법] 포기나누기, 줄기꽃이 등으로 번식시킨다. 줄기꽃이는 5월 하순, 새로 신장한 줄기를 길게 잘라서 강모래 삽상에 꽂는다.

나도범의귀

흰바위

둥굴레

바위취

바위취

꿀풀

나도범의귀 [범의귀科]

[개화기] 5~6월.

[분 포] 부전고원 및 두만강 유역의 숲 속에서 자란다.

[특 성] 산지의 어두운 계곡 주변의 바위 위에 군락하는 다년초이다.

[특 성] 잎도 꽃도 은은한 종류로 거의 눈에 들어오지 않는 꽃이나 산초계에는 잘 알려진 존재이다. 은은한 가운데에 아름다움을 찾아내는 동양인들의 특수성일 것이다.

여물에서 터진 과실은 흡사 날라리(중국 나팔) 같다. 잎은 근생, 잎자루가 있으며, 넓고 양면에 털이 많고 불규칙한 톱니가 있다.

[번식법] 포기나누기로 번식이 잘 된다.

[노 트] 검붉은 꽃보다 홍자색 또는 엷은 황록색의 작은 꽃을 피우며 전체가 작은 「애기나도범의귀」가 지방에 따라서 볼 수가 있다.

흰바위취 [범의귀科]

[개화기] 6~7월.

[분 포] 평안도 및 함경도.

[특 성] 심산지역의 습지에서 자라는 다년초로서 높이 40cm 에 달하고 꼬불꼬불한 털이 있으며 지하줄기가 없다. 근생엽은 엽병이 길고 둥근 심장형

이며 가장자리에 있는 큰 치아형(齒牙狀)의 톱니가 지리산 바위떡풀과 비슷하고 엽병에 털이 다소 나 있다. 꽃은 백색이고 苞는 선형이고 작은 꽃잎에 선모와 더불어 꼬불꼬불한 털이 있다.

[재 배] 정원에서 가꿀 경우는 그늘진 돌담 밑에 심고, 화분의 경우는 산모래에 부엽토를 섞은 배양토에 심는다. 습기를 좋아하지만 가급적 배수가 잘 되도록하여 뿌리섞음을 막는다.

[번식법] 분갈이할 때 포기나누기로 한다.

바위취(범의귀) [범의귀科]

[개화기] 4~5월.

[분 포] 일본에서 도입된 것이 각지에서 가꾸어지고 있다.

[특 성] 숲 속의 습기 찬 바위 등에서 난다. 온몸에 털이 덮여 있는 잎은 심장꼴로 가장자리에는 피상의 얕은 결각이 있으며 질이 두텁고 표면에는 뚜렷한 흰 줄무늬가 드는 반면 뒷면은 어두운 붉은 빛으로 물들어 있다.

[재 배] 노지재배에는 정원의 그늘진 돌담의 틈바구니에 심으면 잘 어울린다.

화분에서는 산모래에 부엽토를 섞은 배양토를 쓰고 얕은 분에 높이 심는다. 성질은 강하지만 화분 속에 물이 차 있으면 여름에 쇄약해지므로 가급적이면 배수가 잘되도록 하는 노력이 필요하다.

화분을 놓는 장소는 꽃이 필 때까지는 양달에서, 그 이후에는 그늘에서 가꾼다.

[번식법] 분갈이는 3월에 하지만 그 때에 포기나누기를 한다. 실생은 산모래 묘상에 뿌린다.

꿀풀 [꿀풀科]

[개화기] 5~6월

[분 포] 전국적으로 분포하며 산지의 양지에서 자란다.

[특 성] 다년초로서 높이 20~30cm이고 전체에 백색 털이 있으며 원줄기는 네모가 지고 꽃이 진 다음 밑에서 옆가지가 뻗는다. 꽃은 적자색이며 화서는 길이 3~8cm로서 꽃이 밀착한다.

[재 배] 산모래에 얕게 심는다. 건조에 강하며 물을 너무 많이 주거나 그늘이 질 때는 도장하여 짜임새 없는 상태가 되어버린다. 따라서 햇빛을 충분히 쪼일 수 있도록 하는 한편 물을 적게 줄 것을 잊지 말아야 한다.

[번식법] 이른봄 눈이 움직이기 시작할 무렵에 실시하는 것이 좋다. 씨부림은 봄이나 가을에 행한다.

[노 트] 어린 순은 나물로 먹는다. 성숙한 전초는 꽃이 진 이후 이뇨제로 사용하거나 연주창에 쓰인다.

둥굴레 [백합科]

[개화기] 4~5월

[분 포] 울릉도와 남부, 중부지방의 산지에서 자란다.

[특 성] 높이는 30~50cm 정도로 자라며 줄기의 윗부분이 약간 모가 지는 경향이 있으며 잎은 넓은 계란꼴로서 두 줄로 규칙적이다. 봄에 푸른 빛을 띤 흰 꽃이 두 송이씩 늘어져 핀다. 이 풀의 개량종인「무늬잎둥굴레」는 정원에 많이 심는다.

[재 배] 추위에 강하며 겨울에는 지상부가 말라 죽고 굵은 지하경이 살아남는다. 어떤 흙에도 잘 자라며 양지바른 자리와 그늘을 가리지 않는다. 심는 것은 이른봄이나 늦가을에 하고 화분에서 가꿀 경우 산모래에 ⅓ 정도의 부엽토를 섞어 5~10 개의 눈을 심어준다. 싹이 틀 때까지 바깥에서 낙엽이나 짚으로 덮어두면 고르게 싹이 터 그 뒤의 생육 상태가 좋아진다.

[번식법] 늘어나는 속도가 비교적 빠르므로 포기나누기로 한다.

[노 트] 어린 잎은 나물로 한다. 뿌리, 잎은 약용으로 하고 전분을 채취하여 식용한다.

흰땃딸기 · 흰땃딸기의꽃

함경딸기

돌양지꽃

양지꽃

좀양지꽃

은양지꽃

흰땃딸기 [장미科]

[개화기] 5~7월
[분 포] 제주도와 중부지방 및 북부 지방에 분포하며 고산지대의 침엽수 숲 주변에서 자란다.
[특 성] 군락을 지어 사는 다년초로 서 꽃이나 열매가 전체적으로 딸기를 소형화한 느낌이 든다. 높이 10~15㎝ 정도로 부드러운 털이 나 있다. 뿌리줄 기는 짧고 가늘며 보라빛을 띤 붉은 빛 의 포복 줄기를 사방으로 뻗는다.
[재 배] 산모래, 부엽토 등을 같은 분량으로 섞은 배양토의 질화분에 심 는다. 뿌리는 다소 건조를 좋아함으로 가급적 배수가 잘 되도록 한다. 꽃은 쉽게 피어도 열매는 좀처럼 맺지 않는 다. 따라서 열매를 보려면 다소 숙련이 필요하다. 장마에 접어들 무렵에는 볕 이 드는 처마 밑에 옮겨 놓고 비를 맞 히지 않는 것이 요령이다.
[번식법] 10월의 분갈이에서 포기나 누기를 하는 것 외에도 긴 옆가지의 끝 에 새로운 포기가 붙으므로 그것을 떼 어서 번식시킨다.
[노 트] 열매는 표면에 털이 약간 있 으며 지름 10㎜ 로 알 같은 구형이며 먹을 수 있다.

함경딸기 [장미科]

[개화기] 4~5월
[분 포] 함경도 고산지대의 저습지 에서 자란다.
[특 성] 높이 15㎝ 내외의 가늘고 낮 은 나무이지만 분재로서도 잘 밀생한 다.
자생지에서는 흰 꽃이 많지만 홍색 의 꽃도 볼 수 있으며 꽃잎에 얕은 톱 니가 있는 것을 「가새함경딸기」라고 하며 함남 차일봉에서 자란다.
[재 배] 고산식물의 일종이지만 여 름의 고온 다습에만 조심하면 재배는 용이하다. 그러므로 가끔 시판하는 것 을 볼 수가 있는 것이다. 배양토는 배 수성을 잘 유지할 필요가 있으므로 굵 은 왕모래 등을 섞어서 충분히 먼지를 빼고 쓰는 것이 좋다. 화분은 여름에도 양달에서 관리한다.
[번식법] 땅 속에서 어린 가지가 나와 서 바로 포기가 밀생하므로 매년 3월 또는 10월에 분갈이를 할 것이며 반드 시 포기를 나누어주어야 한다.

좀양지꽃 [장미科]

[개화기] 7~8월
[분 포] 한라산 정상의 양지쪽 약간 습기가 있는 풀밭에서 자란다.
[특 성] 양지꽃과 형제뻘이 되는 풀 로 양지꽃이 들판의 풀밭에 나는데 반 해 좀양지꽃은 고산 지대의 바위 틈에 난다. 고산식물의 특징대로 포기가 작

고 꽃이 크다. 꽃이 크게 보이므로 관상 가치가 높다. 산초계에서도 일찌기 증식되어온 종류이다.

[재　배] 짧은 줄기가 있어서 그 밑에 뿌리줄기가 이어진다. 분재의 경우 이 줄기는 지표에 노출시켜서 뿌리줄기만이 배양토에 묻히도록 얕게 심는 것이 중요한 포인트. 배양토는 왕모래를 주체로 여기에 산모래와 부엽토를 조금 첨가한다. 화분을 놓는 자리는 양달. 여름에는 아침의 물주기를 적게 하고 낮에는 다소 건조할 정도로 관리한다.

[번식법] 꽃이 진 후에 씨가 붙으므로 이것을 산모래 묘상에 심으면 이듬해 봄에 발아한다. 또 10월의 분갈이에서 포기나누기도 할 수 있다.

돌양지꽃　　　　[장미科]

[개화기]　6~7월

[분　포]　산지의 바위 틈에 자생한다.

[특　성]　높이가 10㎝이며 뿌리줄기는 굵고 목질이다. 꽃은 지름 1㎝로서 황색이며 길이 2mm의 백색 털이 밀생한다.

[재　배]　좀양지꽃과 같이 왕모래를 많이 섞은 배양토로 양달에서 키운다. 잎이 도장하지 않도록 아침, 저녁으로 물주기에도 손대중이 필요하다. 번식법도 좀양지꽃과 같다.

[노　트]　수과(瘦果)는 갈색으로 밋밋하고 밑부분에 수과보다 긴 꼬불꼬

불한 털이 있다. 수과 밑에 있는 털이 수과보다 훨씬 짧은 것을 「참양지꽃」, 잎의 맥 위에만 털이 있고 뒷면이 회색이 아닌 것을 「섬양지꽃」이라고 하며 울릉도에서 자란다.

양지꽃　　　　[장미科]

[개화기]　4~5월

[분　포]　전국 각지에서 자란다.

[특　성]　잎은 방석처럼 둥글게 배열되며 거의 땅에 붙어 있으며 꽃은 지름 3~4㎝, 줄기나 잎에 길고 흰 털이 나 있으며 다섯 잎의 노란 꽃이 핀다.

[재　배]　산모래에 소량의 부엽토를 섞은 배양토에 심는다. 뜰에 심어 놓으면 꽃피고 씨가 떨어져 자연히 늘어난다. 뿌리가 많은 종류이므로 꽃이 진 직후에 분갈이를 하며 이때 뿌리를 전체 길이의 절반 정도 잘라버리도록 하며 이 작업을 매년 반복해야 한다. 화분을 놓는 장소는 여름에도 양달. 분 밑에 고이는 물을 조심해야 한다.

[번식법]　좀양지꽃과 같다. 또 분갈이할때에 뿌리줄기를 보면 아직도 발근하지 않은 어린 줄기가 몇 개씩 붙어 있다. 이것을 떼어서 강모래 묘상에 꽂으면 나중에 발근하여 독립된 그루가 된다.

홀잎뱀무

붉은인가목

해당화

괭이밥

애기괭이밥

홀잎뱀무 [장미科]

[개화기] 6월

[분 포] 북부지방의 산야에 자란다.

[특 성] 고산의 돌산에 자생하는 다년초이지만 잎은 암녹색으로 광택이 있고 노란 꽃을 피우므로 더 한층 아름답다. 높이는 15~30cm 쯤이고 잎은 둥근꼴로 두텁고 윤기가 난다. 잎자루에는 아주 작은 잎이 하나 붙어 있으며 비슷한 종류로는 「뱀무」「큰뱀무」가 있다.

[재 배] 더운 지방에서는 꽃붙임이 좋지 않은 경향이며 이유의 하나는 초여름부터 여름까지 뿌리가 충분히 기능을 다하지 못하는 데에 기인하는 듯하다.

그러므로 배양토는 산모래 등 주로 배수가 잘 되도록 하고 화학 액비를 매주 2회씩 주어서 그루의 충실을 기하는 것이 좋다. 화분은 여름에도 양달에 놓고 아침의 물주기를 적게 하고 저녁에 많이 주는 배려가 필요하다. 분갈이는 9월이 적기이지만 꽃이 진 직후도 가능하다.

[번식법] 분갈이를 할 때에 포기나누기로 번식시킨다. 더운 곳에서는 결실이 적지만 여름에 비를 맞히지 말고 볕이 잘 드는 곳에서 관리하면 종자를 받을 수가 있다.

묘상에는 산모래를 쓴다.

붉은인가목 [장미科]

[개화기] 4~5월

[분 포] 강원도 이북의 고산지대의 바위 틈이나 그 부근의 숲 주변에 군락을 짓고 있다.

[특 성] 분재를 하면 높이 30cm의 줄기가 직립하여 여기에 밝은 담홍색을 띤 5판화의 꽃 자태가 야취에 뛰어나서 장미에서 볼 수 없는 아름다움이 있다.

자홍색의 어린 잎이나 가지의 색이 더 한층 상념에 잠기게 할 것이다.

[재 배] 얕은 분에 산모래, 자갈모래, 부엽토 등을 섞어서 심고 여름에도 양달에서 관리한다. 성질은 비교적 강건하지만 4~5년마다 9월 경에 뿌리를 파서 뿌리 분량의 절반을 잘라버리고 가지도 같은 비례로 전지하는 작업을 한다.

이것을 뿌리의 갱신이라고 하지만 게을리하면 포기가 자연히 쇠퇴해가는 것이다. 배수가 잘 되는 것을 좋아하는 반면에 건조에도 약해서 특히 겨울은 화분이 건조하지 않도록 주의해야 한다.

[번식법] 포기의 갱신이란 별도로 2년에 한 번씩 분갈이를 해야 하며 그때에 포기나누기로 번식시킨다. 삽수(꺾꽂이)는 장마 때, 새 잎이 2매 정도 붙어 있게 하여 강모래 삽상에 꽂는다.

해당화 [장미科]

[개화기] 6~7월
[분 포] 전국의 해변가 모래사장이나 해변에 가까운 산록지대에 난다.
[특 성] 낙엽성 관목으로 높이는 1m 안팎이고 줄기와 가지에는 잔 가시가 밀생해 있다. 가지 끝에 찔레꽃처럼 생긴 큰 분홍빛 꽃이 핀다. 꽃이 핀 뒤 열매가 맺는데 익으면 붉게 물들어 대단히 아름다우며 단맛이 나서 먹을 수 있다.
[재 배] 노지재배에서는 양지바르고 비교적 수분과 거름기가 풍부한 자리를 골라야 한다. 분에서 가꿀 때에는 큰 분을 써야 하며 흙은 가리지 않지만 무겁고 굳어지기 쉬운 흙은 생육 상태가 좋지 않으므로 부엽토와 왕겨를 20~30% 섞어 쓴다. 노지재배, 분재배 모두 가급적 뿌리의 배수가 잘 되도록 할 것이며 동시에 건조에도 유의해야 한다. 재배의 요령이나 번식법은 붉은인가목과 같지만 따로 실생으로도 번식시킬 수가 있다. 꽃이 진 후에 구형의 열매를 맺는다.

애기괭이밥 [괭이밥科]

[개화기] 5~6월
[분 포] 전국의 빈터에서 흔히 보이며 심산 계곡의 숲 속에서 군생하는 다년초.
[특 성] 땅속줄기가 옆으로 뻗으며 높이 5~8cm의 꽃줄기가 중앙부에서 나와 그 끝에 1개의 백색 꽃이 달리고 꽃잎은 9~15mm로서 백색 바탕에 연한 자줏빛이 돌며 어릴 때 생채로 먹으며 신맛이 있다.
[재 배] 가벼운 배양토 또는 물이끼 단용으로 얕은 분에 높이 심는다. 분을 놓는 장소는 꽃이 필 때까지는 양달, 그 이후는 반그늘.
[번식법] 포기는 매년 9월에 분갈이를 하며 배양토를 갱신할 필요가 있지만 포기나누기는 거의 불가능하므로 실생으로 번식시킨다. 씨는 물이끼에 뿌리는 것이 좋다.

괭이밥 [괭이밥科]

[개화기] 6~7월
[분 포] 전국의 산지에서 나며 낙엽수의 나무 그늘에서 볼 수 있다.
[특 성] 뿌리줄기는 애기괭이밥처럼 굵어지지 않고 잎의 모서리도 애기괭이밥보다 둥글다. 아고산 지대의 어두운 숲 속에 자생하는 다년초이다.
[재 배] 번식법과 더불어 애기괭이밥과 같이 물이끼 단용으로도 재배할 수 있다. 어느쪽의 경우든지 반그늘에서 관리하고 비를 맞히지 말아야 한다. 꽃이 진 후에는 씨가 익는 대로 파서 바로 이끼 위에 뿌려준다.

제비꽃

화엄제비꽃

민둥제비꽃

서울제비꽃

호제비꽃

제비꽃 [제비꽃科]

[개화기] 4~5월

[분 포] 전국적인 분포를 보이며 야산지대나 인가 근처에서 가장 많이 볼 수 있다.

[특 성] 다년초로서 땅 속에 자리한 짤막한 줄기로 부터 잎이 자라나기 때문에 잎이 땅 속으로부터 나 있는 듯이 돋는다. 꽃색은 짙은 자주색, 간혹 백색 바탕에 자주색 줄이 있는 꽃도 있다.

[재 배] 배수가 잘 되는 성질의 배양토가 좋고 강모래를 주체로 소량의 부엽토를 섞은 배양토를 쓴다. 이 페이지에서 소개하는 5종은 공통적으로 이 배양토를 쓴다. 그 외에 공통적인 포인트는 다년초라도 2~3년초라고 생각하고 매년 분갈이에서 포기가 퍼지면 가급적 어린 포기를 남기고 묵은 포기는 버린다.

또 뿌리꽂이로 언제나 포기를 육성할 것이며 혹은 실생으로 어린 묘를 확보하는 노력을 하는 것이 좋다. 이런 일들이 묵은 포기에 의존하지 않는 요령이다.

분을 놓는 장소는 제비꽃류의 모두가 양달이다.

[번식법] 뿌리꽂이는 3월의 분갈이에서 뿌리의 몇 대를 도중에 절단하여 이것을 보드라운 산모래 묘상에 얕게 옆으로 뉘어서 심는다. 자른 자리만 노출시키지 않도록 들어올리 듯 심으면 거기에서 발아한다.

실생은 삭과가 누렇게 될 때에 채취하여 산모래 묘상에 뿌리면 10일 내외에 발아한다.

그런데 완숙한 씨는 바로 뿌려도 겨울의 추위를 맞지 못하면 발아하지 않으므로 한 번 냉동시키지 않으면 다음 봄에야 발아하게 된다. 이러한 경우에 씨를 뿌리고 충분한 물주기를 하고 묘상의 화분을 가정용 냉장고에 보름 정도 넣었다가 양달에 내면 발아시킬 수가 있다.

[노 트] 제비꽃에는 원예적인 품종으로서 꽃이 짙은 적자색인「호제비꽃」, 흰꽃인「흰제비꽃」, 겹꽃인「겹제비꽃」, 봄에 핀 잎에 백색, 담황색, 담적색 등의 무늬가 있는「비단제비꽃」등이 재배되고 있어서 가끔 시판하는 것을 볼 수가 있다.

서울제비꽃 [제비꽃科]

[개화기] 4~5월

[분 포] 경기도에 자생한다.

[특 성] 잎은 제비꽃을 닮았지만 꽃은 백색으로 그 안쪽에 자색의 줄이 들어 있다. 꽃은 잎보다 조금 높게 피지만 제비꽃처럼 꽃가루가 현저하게 높지는 않다. 또 제비꽃처럼 건조를 좋아하지는 않으며 빈터의 길가에서 피고 있어도 다소 습기가 있는 장소인 경우

가 많다.

[재　배] 번식법은 거의 제비꽃과 같지만 배양토에 부엽토 등의 양을 늘이고 습도를 다소 높일 필요가 있다.

화엄제비꽃 [제비꽃科]

[개화기]　4월.

[분　포]　화엄사 근처에서 자란다.

[특　성]　인가 근처의 볕이 잘 드는 장소에서 피는 소형의 일종. 꽃은 짙은 자색으로 제비꽃을 닮았지만 잎의 생김새는 전혀 달라서 이 종류는 좁은 삼각형으로 끝이 뾰족한 듯이 보인다. 또 잎 전체의 폭이 제비꽃보다는 넓으므로 구별이 용이하다.

[재　배]　제비꽃과 같다.

[노　트]　남산제비꽃과 자주잎제비꽃과의 자연 잡종으로 보고 있다. 꽃이 진 다음 큰 잎이 나오는 것은 남산제비꽃과 같다고 생각되지만 자주잎제비꽃은 남산제비꽃에 비해 그리 흔하지 않으므로 보다 자세한 관찰이 필요하다. 화엄사 근처에서 자라기 때문에 화엄제비꽃이라고 한다.

호제비꽃 [제비꽃科]

[개화기]　3~4월

[분　포]　들, 밭 근처 특히 진흙 속에서 흔히 자라는 다년초.

[특　성]　전체에 짧은 털이 퍼져 밀생

하고 있으며 뿌리줄기가 **짧다**. 꽃색은 왜제비꽃처럼 엷지는 않지만 제비꽃처럼 짙은 자색은 아닌 대략 그 중간쯤 되는 색상이다. 인가 근처의 양달에서 피지만 꽃잎의 폭이 특히 넓은 종류이므로 눈길을 끈다. 뿌리는 백색으로 제비꽃처럼 황·적·갈색의 꽃은 피지 않는다. 꽃잎의 안쪽에 흰털도 없다.

[재　배]　제비꽃과 같다. 번식법도 같다.

털제비꽃 [제비꽃科]

[개화기]　4~5월

[분　포]　양지쪽 구릉지에서 자란다.

[특　성]　다년초로 뿌리줄기는 짧고 다소 촘촘히 나며 잎에는 짧은 털이 씌워져 있어서 전체적으로 은빛이 빛난다. 이것은 이 종류의 가장 자랑스러운 특징이다. 또 꽃빛이 대단히 선명하여서 자색 계통의 꽃이 많은 제비꽃 종속 중에 이 꽃만이 홍색의 강한 자색이기 때문이다. 논둑이나 제방둑 등의 풀 속에서 피며 꽃에도 털이 있다.

[재　배]　제비꽃과 같다. 번식법도 거의 같지만 제비꽃처럼 건조에 강하지 못한 점은 유의하여야 한다.

[노　트]　이 종류와 교접이 되어서 전체에 털이 거의 없는 변종이 생겨났다. 이것을 「민둥제비꽃」이라고 하며 지리산에서 자라고 있다.

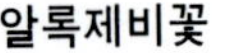

알록제비꽃

붉은태백제비꽃

남산제비꽃

졸방제비꽃

최신제비꽃

뫼제비꽃

알록제비꽃 [제비꽃科]

[개화기] 4~5월
[분 포] 산지의 경사진 양달에서 자란다.
[특 성] 다년초로서 재배되고 있는 것은 잎에 엷은 흰 알록이 새겨져 있어서 이것을 알록제비꽃이라고 부른다. 대단히 희귀한 변종이므로 산야에서의 채취를 자제하여 멸종이 되지 않도록 해야 할 것이다. 자생지는 낙엽수 숲 속이나 그 주변이 비교적 습기가 있는 곳이다.
[재 배] 이 페이지에서 설명하는 5종은 96~97 페이지의 것과 달라서 반그늘 또는 응달을 좋아하는 종류이다. 이러한 종류는 뿌리가 바이러스균에 걸리기 쉬운 경향이 있다. 현재로는 적당한 대책이 없으므로 줄기나 뿌리에 종양이 보이는 포기는 배양토까지 태워버리는 것이 상책이다. 주위의 다른 화분에 병균이 번지지 않도록 하는 것이 선결 문제이다.

이 종류의 보존은 씨를 뿌려 모종을 만드는 수밖에 없다. 이 페이지의 여러 종은 물이끼 단용으로 또는 강모래 단용 등의 깨끗한 배양토로 재배하는 것이 좋다.

이러한 재배법을 거쳐 건강한 포기에는 부엽토 등의 미량 요소를 많이 함유한 용토를 섞는 것도 하나의 방법인 것이다.

화분 놓는 장소는 봄에서 꽃이 질 때까지는 양달, 그 이후에는 반그늘이 좋다. 또 장마철부터 9월까지는 비를 맞히지 말고 관리한다. 9월에는 분갈이를 해 준다.
[번식법] 포기나누기, 실생, 뿌리꽂이로 번식시킨다.

남산제비꽃 [제비꽃科]

[개화기] 4~5월
[분 포] 산지에서 자란다.
[특 성] 잎은 그 밑둥에서 3 갈래로 갈라지며 소엽은 다시 2 갈래로 갈라짐으로 전체의 모양은 미나리 잎을 작게 축소한 것같이 보인다. 일본사람들은 이 남산제비꽃을 원예적으로 개량하여 재배하고 있다. 태백제비꽃 등이 그것이다. 주로 산지의 숲 속에서 피지만 북쪽에서는 양달에서도 피는 다년초
[재 배] 분 아래에 굵은 왕모래로 채우고 산모래로 심어준다. 물은 봄, 가을의 경우 아침마다 흠뻑 주고 한여름에는 아침, 저녁으로 준다. 여름에는 반그늘에 두고 겨울에는 찬바람이 닿지 않게 보호해 준다.

단풍제비꽃 [제비꽃科]

[개화기] 4~5월

[분 포] 전국적으로 분포한다.

[특 성] 산지의 숲 속에서 피는 다년초로 남산제비꽃과 흡사하지만 꽃은 크고 흰바탕에 담홍색이 비쳐서 아름다운 종류이다.

잎이 가늘게 분열하는 것은 남산제비꽃과 똑같지만 쪼개진 폭이나 크기는 남산제비꽃처럼 단정하지 못하고 어느 정도 거칠게 보인다.

[재 배] 비교적 강한 종류이지만 역시 그루의 수명은 그다지 길지 못하므로 매년 휘묻이나 실생으로 어린 그루를 보존해 가는 것이 바람직하다. 구미의 산초계에서는 이미 개량된 품종도 있다고 한다.

[노 트] 남산제비꽃과 태백제비꽃의 잡종성을 지니고 있으며 잎은 태백제비꽃처럼 가장자리에 깊은 톱니가 있는 것에서부터 밑부분이 깊게 갈라진 것 등 변이가 심하다. 그 대부분은 잎이 국화잎 모양으로 되는 경향이 있다. 또 잎이 갈라지지 않는 형도 있다.

졸방제비꽃　　　[제비꽃科]

[개화기] 4월.

[분 포] 전국의 산야에서 자란다.

[특 성] 잎은 작고 넓은 계란형으로 잎자루가 홍갈색으로 물드는 것이 많다. 잎의 색깔도 짙은 녹색으로 엷은 흰 무늬가 들어 있어서 이들의 색채가 흰 꽃을 더 한층 돋보이게 하여 찬찬히

보면 의외로 아름다운 종류이다. 산지의 숲 속에 군생하는 다년초로 비교적 건조한 곳을 좋아하다.

[재 배] 알록제비꽃과 같지만 그것보다도 그루가 많이 퍼지므로 분갈이할 때에 어린 그루를 우선적으로 남겨서 비배관리를 하면 다른 종류보다는 손이 덜 간다.

뫼제비꽃　　　[제비꽃科]

[개화기] 4~5월

[분 포] 전국에 분포한다

[특 성] 산지의 숲 속에서 자라는 다년초로서 난형의 둥근 잎은 꽃피는 시기에도 크게 전개하여 그것을 지표에 수평으로 덮듯이 한다. 잎 뒤나 자루에는 암적색을 띠고 잎도 암녹색으로 전체에 긴 털이 있는 것이 특징이다.

[재 배] 알록제비꽃과 같지만 잎이 낮고 수평으로 퍼지므로 배양토가 덮혀지는 결점이 있다. 오히려 물이끼 전용으로 재배하는 것이 편리할 것이다. 여름에는 비를 맞히지 말아야 한다.

[노 트] 앞면의 사진은 "소형" 뫼제비꽃이다. 원형의 뫼제비꽃은 담자색의 꽃을 피우는 심산성의 종류로서 재배가 다소 어려운 결점이 있다.

아욱제비꽃

잔털제비꽃

섬제비꽃

고깔제비꽃

노랑제비꽃

털노랑제비꽃

아욱제비꽃 [제비꽃科]

[개화기] 4~5월
[분 포] 울릉도 및 북부지방의 다소 습기가 있는 숲 속이나 길가에서 자란다.
[특 성] 이 페이지에서 소개하는 5종의 제비꽃류는 다른 종류와는 다르게 줄기가 지상 위로 뻗어 나와 있다. 그래서 이것들은 유경종군(有莖種群)이라고 한다.
이에 대해 96~101 페이지까지의 각 종은 지상 위로 줄기를 내지 않고 보이는 것은 잎자루와 꽃자루뿐이다.
즉 무경종군(無莖種群)이다. 아욱제비꽃은 유경종군 중 그늘에서 제일 잘 보이는 일종이다. 꽃은 거의 백색에 가까운 담자색으로 잎은 둥글고 전체에 거친 털이 있는 것이 특징이다.
[재 배] 알록제비꽃과 같다.
[번식법] 제비꽃(P 96)과 같으며 그 외에 이 종류는 지상의 줄기가 옆으로 기어서 그 끝에 새로운 포기가 생기므로 3~4월에 이 새 묘를 잘라 떼어서 번식시킬 수가 있다.
[노 트] 그늘에서 자라면서 꼭 닮은 잎을 가진 별종인 「잔털제비꽃」과 분별하기 어려우나 잔털제비꽃은 무경종군이고 꽃은 희다.
그러나 이 종류도 같은 요령으로 재배 할 수 있다.

섬제비꽃 [제비꽃科]

[개화기] 4~5월
[분 포] 전국적으로 인가 주변에 피지만 특히 울릉도에서 자란다.
[특 성] 담자색의 꽃인 유경종군은 「낚시제비꽃」이다. 전체가 작고 잎의 길이가 1~2cm이며 원줄기가 다소 눕는 것을 「매기낚시제비꽃」, 이와 같고 백색 꽃이 피는 것을 「흰낚시제비꽃」이라고 한다.
[재 배] 재배, 번식법은 역시 제비꽃(P 96)과 같지만 배양토에는 다소 보수력이 있는 것을 첨가하는 것이 좋다.

고깔제비꽃 [제비꽃科]

[개화기] 4~5월
[분 포] 전국적인 분포를 보이며 산지의 나무 그늘이나 양지에서 자란다.
[특 성] 높이가 15cm에 달하여 굵고 짤막한 땅속줄기를 가지고 있으며 잎은 심장꼴로서 양면에 가느다란 털이 나 있고 잎 가장자리에는 톱니가 있다. 무리지어 꽃이 피는 것을 보면 기묘한 느낌에 미소를 금할 수 없다.
[재 배] 번식법 역시 제비꽃(P 96)과 같다. 단, 겨울에는 그다지 건조되지 않도록 주의를 하다. 땅속줄기는 굵고 목질화 되어 있으므로 이것을 잘라서 번식시킬 수도 있다.

노랑제비꽃 [제비꽃科]

[개화기] 4~5월

[분 포] 전국적인 분포를 보이며 산지에 많고 햇빛이 잘 쬐는 풀밭이나 자갈밭에서 자란다.

[특 성] 높이 10~20cm이고 줄기는 곧곧이 서서 심장형의 잎을 2~3매 가지는데 잎가에는 아주 얕은 톱니가 있다. 꽃은 이름 그대로 샛노랑꽃이 피는데 꽃잎의 뒷면은 다갈색을 띤다.

[재 배] 분 아래쪽에는 굵은 왕모래를 깔고 그 위에 산모래와 피트모스를 섞은 배양토에 심는다. 봄, 가을에는 매일 아침 한 번 물을 주고 여름에는 흙이 잘 마르므로 저녁에도 물을 준다. 분갈이를 하지 않으면 생육에 지장이 생기므로 매년 9~10월에 분갈이를 해주어 이것을 제자리에 바로 놓아야 하는데 분 속의 배수 불량의 상태는 엄밀하게 살펴야 한다. 화분을 놓는 장소는 7~8월 동안에는 반그늘에 봄과 가을은 양달에서 관리한다.

[번식법] 포기나누기와 실생으로 번식시킨다. 가을의 분갈이에서 포기를 나누는데 실생은 씨가 완숙하기 직전에 채취하여 뿌리면 바로 발아하는 것을 볼 수가 있다.

[노 트] 털노랑제비꽃을 닮았지만 그보다도 온난한 지역에 분포되어 있어서 황색 꽃의 제비꽃 중에서는 색다른 존재인 것이다. 하나의 줄기에 한 송이의 꽃을 피우는 것도 특이하다 할 것이다.

털노랑제비꽃 [제비꽃科]

[개화기] 4월.

[분 포] 갑산지역의 숲 가장자리에서 자란다.

[특 성] 황색의 꽃을 피우는 야생의 제비꽃 종류로서는 이 종류가 가장 재배하기가 쉽다. 여러 가지 변종이 많으나 동해의 눈이 많이 오는 지대의 산지에 많고, 또 낮은 지대에서도 볼 수가 있다. 높이 5~22cm이고, 윗 부분에 흔히 퍼진 털이 있으며 밑 부분에 있는 비늘같은 잎은 적자색이 돌고, 심장형으로 길이 1.6~5.2cm이고, 나비 1.4~5cm로서 표면에 털이 없다.

[재 배] 강모래에 소량의 부엽토를 섞은 배양토가 좋다. 봄부터 장마철에 들어갈 때까지는 양달에서 물주기를 풍부하게 하면서 비배하면 땅속줄기(지하경)가 잘 번식하게 된다.

[번식법] 노랑제비꽃과 같다.

흰참꽃

진퍼리꽃나무

각시석남

정금나무

등대꽃

흰참꽃 [진달래科]

[개화기] 5~6월

[분 포] 지리산 및 가야산의 산정 바위 틈에 자란다.

[특 성] 진달래科라는 이름이 붙어 있기는 하지만 철쭉이나 석남이 포함된 진달래科에는 속하지 않는다.

높이 50cm에 달하고 어린 가지에 갈색 털이 있다. 잎은 호생하며 타원형 또는 계란꼴 피침형이고 양끝이 좁으며 길이 5~30mm, 나비 4~12mm로서 가장자리에 톱니가 없고 꽃은 백색이며 깔때기 모양으로 꽃도 잎도 싸래기처럼 작은 나무이다.

산지의 바위 골에 기는 듯 낮은 수형을 이루고 있다. 현재 시판되고 있는 것은 그 중에서도 특히 잎이 적은 형이다.

[재 배] 사들인 모종은 아직 나무의 크기가 작으므로 3치 정도의 질화분에 심는다. 배양토는 산모래에 부엽토를 균등하게 혼합하여 먼지를 잘 빼고 심는다. 배수 상태가 나쁘면 잎이 대형화하여서 나중에는 그루가 쇠약해진다. 3년에 한 번 정도로, 3월에 분갈이를 하여 그루의 성장과 더불어 점점 높이 심기가 되도록 얕은 화분으로 바꿔나가는 것이 좋다.

분을 놓는 장소는 여름에도 햇빛이 비치는 양달이다.

진퍼리꽃나무 [진달래科]

[개화기] 5~6월

[분 포] 함경도의 습원에서 자란다.

[특 성] 잎은 작고 비늘처럼 변형하여 가지에 밀착하여 잎이 없는 노끈 같이 보인다. 상록관목으로서 높이 30~100cm이고 1년 된 가지는 갈색이며 털이 밀생하지만 2년 된 가지는 암갈색이고 털이 있거나 없다.

[재 배] 모종을 구입하면 먼저 그루 전체를 한 그루씩 떼어서 물이끼에 꺽꽂이 하는 요령으로 심는다. 귀찮은 듯 하지만 이렇게 하지 않으면 그루가 순조롭게 성장하지 못한다. 매년 조금씩 물이끼를 보충하여 그루가 점차로 높이심기가 되도록 하는 것이 바람직하다. 봄에서 7월까지는 화학 액비를 주에 1~2회씩 줄 것이며 또 장마에서 9월까지는 볕이 드는 처마 밑에 옮기고 비를 맞히지 않도록 한다.

[번식법] 매년 3~4월에 물이끼를 보충하여 그때에 2~3대의 작년 가지를 떼어서 물이끼 묘상에 꽂아 언제나 어린 그루를 양성 보존해 놓는 것이 좋다.

각시석남 [진달래科]

[개화기] 4~5월

[분 포] 북부지방의 고산지대에 분포하며 고원의 양지바른 습지에 난다.

[특 성] 고지의 습한 들에 살고 있는 모습은 정말 빈약하지만 산초계에서는 이미 재배법이 확립되어서 그 방법에 의하여 화분 가득히 총생하여 번화하게 꽃을 피운다.

[재 배] 물이끼 단용이 가꾸기 입문에서는 편리하다. 꽃이 핀 것을 구입하는 경우가 많은데 꽃이 끝나면 모든 줄기를 뿌리목에서 1cm 정도를 남기고 잘라 그 중에서 비교적 굵은 것을 골라서 꺾꽂이를 한다. 꺾꽂이의 길이는 끝머리에서 5cm 내외가 좋다. 이것을 물이끼 묘상에 꽂는데 뿌리목에는 미리 물이끼를 감고 이것을 물이끼 상자 속에 묻는다. 줄기를 잘라낸 후의 줄기도 묵은 물이끼를 제거하고 새 물이끼로 교환한다. 꺾꽂이나 분갈이의 공통된 것은 작업 직후부터 충분히 볕을 쐬는 작업과 물이끼는 가급적 굳게 화분에 다져 넣을 것, 이 두가지가 포인트인 것이다. 비료를 좋아하며 과다한 것에도 강하다. 매주에 2회, 화학 액비를 준다.

정금나무 [진달래科]

[개화기] 6~7월
[분 포] 전국의 산야에 분포한다
[특 성] 낙엽관목으로서 높이 2~3 m이고 가지는 짙은 갈색이며 어린 가지는 회갈색이고 선모가 있다. 잎은 호생하며 타원형, 긴 타원형 또는 계란형

이다. 꽃은 길이 4~5mm로서 새 가지 끝에 총상으로 달려 처지며 선모와 잔털이 있다. 가을에 잎이 적색으로 변한다. 잎 뒷면에 흰 빛이 도는 것을 지포나무라고 한다.

[재 배] 모종을 구입했으면 산모래, 부엽토, 피트모스를 같은 양으로 섞은 배양토를 써서 얕은 분에 처음부터 높이심기를 한다. 화분에서는 몇 년 성장한 후에는 급격하게 쇠약할 위험이 있다. 분은 봄에서 꽃이 필 때까지는 양달, 장마가 든 후에는 반그늘에 옮기지 않으면 잎이 타기 쉽다.

[번식법] 실생과 꺾꽂이, 꺾꽂이는 6월에 새잎을 3장 정도 붙인 순을 강모래 삽상에 꽂는다.

등대꽃 [진달래科]

[개화기] 4~5월
[분 포] 일본산의 낙엽관목이다.
[특 성] 재배하기에 강건하므로 원예적으로도 양산을 하고 있다. 높이 4~5m이고 가지가 윤생하여 비스듬히 퍼진다. 꽃은 가지 끝에서 밑으로 처지며 5~15개의 꽃이 달린다.
[재 배] 위의 종류와 거의 같지만 여름의 더위와 배수 불량에는 약하다. 여름에는 비를 맞히지 말고 통풍이 잘 되는 곳에 옮긴다.

진달래

산진달래

뱀딸기

황색철쭉

산진달래

등도 볼 수 있다.

진달래 [진달래科]

[개화기] 3~4월.

[분 포] 전국에 분포하며 산의 소나무 숲 가장자리 등에 많이 난다.

[특 성] 노지재배를 하는 진달래의 지리적인 변종으로 보아진다. 지금 양산되고 있는 것은 제주도, 한라산 고지의 계통으로서 잎은 두텁고 광택이 있으며 키가 작은 나무로서 가지가 옆으로 뻗는 등 분재에 알맞는 자질을 모두 갖추고 있다.

[재 배] 산성 토양을 좋아하며 산모래에 잘게 썬 이끼를 30% 정도 섞은 흙으로 얕은 분에 물이 잘 빠지게 심어준다 잔뿌리가 많으므로 잘 활착한다. 화분을 놓는 장소는 여름에도 양달에 둔다. 성질은 강건하지만 꽃이 진 후에 바로 비배를 하지 않으면 그 당시에 신장하는 가지가 굵어지지 않고 당당한 자세가 될 수 없다. 또 이듬해 봄의 꽃붙임도 많이 기대할 수 없으므로 7월에 접어들 때까지는 주에 2회씩 화학액비를 주는 것이 바람직하다.

[번식법] 실생과 꺾꽂이로 번식시킨다. 꺾꽂이는 6월에 강모래 삽상에 꽂는데 꽂을 순을 45도 정도로 뉘어서 가급적 얕게 꽂지 않으면 뿌리내리기가 어렵다.

[노 트] 이 종류의 꽃은 담홍자색이 기본색이지만 드물게는 순백, 연분홍

산진달래 [진달래科]

[개화기] 3~4월

[분 포] 제주도 금강산 및 북부지방의 고산지대에서 자란다.

[특 성] 상록관목이지만 일부의 잎만 상록인 때도 있으며 높이 1~2m이고 가지가 많다. 이 산진달래는 북부지방에 분포되어 추위로 인하여 자색으로 이른봄에 홍자색의 꽃을 피우는 우아한 자태는 싯귀에서도 많이 읊조려왔던 종류이다.

[재 배] 배양토와 심는법은 진달래와 같으며 다만 여름의 고온다습과 겨울의 건조한 바람에는 약하므로 여름에는 비를 맞히지 말고 겨울에는 비닐하우스 안에서 반 지하식 프레임 등에 넣어 두는 것이 좋다.

[번식법] 진달래와 같다.

[노 트] 시판되는 것으로 백화형도 있다. 잎이 상록이므로 「상록진달래」라고도 한다.

가락지나물 [장미科]

[개화기] 5~7월

[분 포] 전국 각지에 분포하며 주로 논두렁과 같이 다습한 곳에 난다.

[특 성] 양지꽃과 흡사한 외모를 가진 숙근초로 온몸에 잔털이 나 있고 줄

기는 길게 뻗어 50cm를 넘지 않는다. 잎은 다섯 갈래로 갈라지며 잎 가장자리에 거친 톱니가 있다. 지름이 1cm쯤 되는 노랑꽃이 줄기 끝에 뭉쳐 피어나며 꽃잎은 다섯 매이다.

[재 배] 땅을 기는 성질이 있으므로 얕고 넓은 분에 심어야 어울린다. 산모래에 30% 정도의 부엽토를 섞어서 쓰거나 또는 잘게 썬 이끼를 20% 정도 섞어 쓴다. 물은 아침에 한 번 흠뻑 주는데 여름에는 건조하므로 저녁에 한 번 더 준다.

[번식법] 2년마다 분갈이 때에 포기나누기로 증식시킨다.

[노 트] 어린 잎과 줄기를 나물로 먹는다.

민눈양지꽃 [장미科]

[개화기] 4~6월

[분 포] 제주도 및 중부, 남부지방의 산지에 분포한다.

[특 성] 뿌리줄기는 발달되어 있지 않으며 땅을 기는 가지를 신장시켜 마디에서 뿌리를 냄으로써 증식된다. 잎은 세 개의 작은 잎으로 구성되며 길이 3cm 정도로서 잎가에는 거친 톱니가 있고 잎맥이 뚜렷하다. 포기의 중심부로부터 길이 10~20cm나 되는 긴 꽃줄기를 신장시켜 그 끝에 다섯 개의 꽃잎으로 이루어진 지름 2cm 정도의 노랑꽃을 여러 송이 피운다.

[재 배] 산모래에 30% 정도의 부엽토를 섞은 흙을 쓰고 그 이외에 가락지나물과 같이 한다. 번식법도 같다.

뱀딸기 [장미科]

[개화기] 4~6월

[분 포] 전국 각지에 분포하며 숲 가장자리에 난다.

[특 성] 줄기가 길게 땅 위를 기어나가면서 마디에서 뿌리와 눈이 생겨나 번식되어나가는 숙근성의 풀이다. 잎은 딸기와 흡사하나 작고 뒷면에 긴 털이 난다. 다섯 매의 꽃잎으로 이루어진 노랑꽃이 피고 뒤에 붉고 둥근 열매를 맺는다.

[재 배] 깊은 분에 밭흙과 산모래를 반씩 섞은 흙으로 한 포기를 심어 놓으면 줄기가 신장해 가면서 꽃피고 열매가 맺어 볼품 있는 분재가 된다. 물은 약간 적게 주어 과습 상태에 빠지는 일이 없도록 하고 햇빛이 잘 닿는 곳이라야 한다.

[노 트] 열매를 먹는다.

앵초

털큰앵초

큰앵초

구슬붕이   구슬붕이 (백화형)

좀구슬붕이

앵초 [앵초科]

[개화기] 4월

[분 포] 전국적인 분포 상태를 보이며 산 속의 풀밭 또는 산간의 습지나 강가에 자생한다.

[특 성] 다년초로 많은 품종이 원예에 취급되는 것은 오래 전부터 꽃이 아름다와서 유행하여 가꾸어 왔기 때문일 것이다.

[재 배] 배양토는 산모래와 강모래 등을 섞어서 여기에 소량의 피트모스 또는 양질의 부엽토를 섞어서 심는다. 분은 질화분으로 5치 정도의 큰 것이 좋다. 여름에는 반그늘의 처마 밑 등에 놓고 비를 맞히지 말고 9월부터는 조금씩 볕을 쐬기 시작하며 이때에는 분의 표면에 1cm 정도의 두께로 배양토를 덮는다. 이것은 땅속줄기가 위로 신장하기 때문이다. 겨울은 싹이 건조하지 않도록 바람이 적고 다습한 장소에 놓는 것이 좋다. 가급적이면 어둡고 볕이 없는 얼기 쉬운 곳이 좋다. 3월 상순 경에 분갈이 한다.

[번식법] 실생, 포기나누기, 뿌리꽂이 등으로 번식시킨다. 실생은 산모래 묘상에 뿌리는데 묘상을 볕에 놓아두지 않으면 잘 발아되지 않는다. 포기나누기는 3월의 분갈이에 맞추어서 한다. 이때 뿌리를 몇 대 잘라서 산모래 삽상에 뉘어 심고 자른 자리만 삽상 표면에 보일 정도로 묻으면 거기에서 발아한다. 이것이 앵초의 뿌리꽂이이다.

구층앵초 [앵초科]

[개화기] 4~5월

[분 포] 북부지방의 높은 산지.

[특 성] 산지의 습한 곳에서 피지만 성질이 강하므로 앵초처럼 오래 전부터 재배되어서 원예적으로는 꽃의 변화가 몇 가지 있다. 앵초보다도 더 한층 습기를 좋아한다.

[재 배] 분재를 할 경우의 요령도 앵초와 같지만 다소 그루가 크므로 7치 정도의 질화분이 좋다. 반그늘의 습지에는 씨가 날려서 제멋대로 그루가 번식이 된다.

[번식법] 앵초와 같다.

큰앵초 [앵초科]

[개화기] 5~6월

[분 포] 제주도를 비롯한 전국에 분포하며 높은 산의 약간 습한 땅에 난다.

[특 성] 앵초는 많은 포기가 한 자리에 모여 나는 경우가 있으나 큰앵초는 집단적으로 나는 일이 없다. 짧은 뿌리줄기를 가진 숙근성의 풀로서 전체에 짤막한 털이 나 있다. 모두 뿌리줄기로부터 자라나며 길이 15~20cm쯤 되는 긴 자루를 가지고 있다. 꽃은 분홍빛 꽃이 핀다.

[재 배] 앵초와 거의 같지만 성질은 그보다 다소 약하므로 배양토에 섞을 피트모스나 부엽토의 양을 극히 소량으로 제한하고 장마철부터 9월까지는 비를 맞히지 말고 오히려 건조하게 관리한다.

[번식법] 앵초와 같다.

[노 트] 지방에 따라서 꽃받침잎이 길고 전체에 털이 많고 꽃의 안쪽이 노란색인 것도 있다.

구슬붕이 [용담科]

[개화기] 5~6월

[분 포] 전국 각지의 야산이나 들판의 양지바른 풀밭에 난다.

[특 성] 2년초로 줄기의 높이는 2~10cm 정도로 줄기에 잔잎이 마주나며 꼭대기에 연보라빛이 대단히 사랑스럽다. 흔히 볼 수 있는 야생의 구슬붕이류에서는 이 종류 외에 「봄구슬붕이」나 「큰구슬붕이」가 있지만 재배하여 쉽게 발아해 주는 것은 구슬붕이뿐이다. 귀중한 존재라고 하지 않을 수 없다.

[재 배] 노지에서 구슬붕이를 보면 씨를 받아온다. 얕은 분에 산모래, 피트모스를 같은 양으로 섞은 배양토 위에 이 씨앗을 뿌린다. 발아하여 1년을 조생엽(아주 짧은 줄기에 많은 잎이 땅에 접하여 생겨서 뿌리에 총생한 것과 같이 보이는 잎)인 대로 월동하고 2년째 봄에 피어서 포기는 마른다. 따

라서 매년 씨를 뿌리는 것이 이상적이지만 실제로는 꽃이 진 후에도 화분을 그대로 놓아두면 그 표면에 새로운 싹이 트는 수가 많다. 때때로 주목하여 이 싹을 다른 화분에 심으면 좋다. 화분을 놓는 장소는 여름에도 햇볕이 비치는 양달이다.

[노 트] 산초계에서 재배하고 있는 것은 기본형의 담자청색의 꽃 이외에 흰 꽃형도 있다. 또 봄구슬붕이와 큰구슬붕이를 분간하기 어려우나 이 2종의 꽃은 크고 길이 2~3cm에 이르는데 구슬붕이는 1.5cm로 한정이 되어 있다.

좀구슬붕이(난장이용담) [용담科]

[개화기] 4~5월(가끔 가을에도 핀다)

[분 포] 전국 각지의 야산에 자란다.

[특 성] 아름다운 대륜종으로서 무엇보다도 어둡고 짙은 청색의 꽃은 비할 데가 없다. 이때까지는 여름을 타는, 꽃을 피우기 어려운 종류라고 생각했었는데 최근 시판하는 것은 몰라보게 강건해졌다.

[재 배] 구슬붕이와 같지만 배양토는 세밀하게 먼지를 빼서 배수가 잘 되도록 한다.

[번식법] 꽃이 진 후에 분갈이할 때에 포기나누기를 하여 번식시킨다.

반디지치

백리향

골무꽃

골무꽃(백화형)

주름잎

누운주름잎

두메투구꽃

반디지치   [지치科]

[개화기] 4~5월

[분 포] 중부지방과 남부지방의 산지의 햇빛이 잘 드는 바위 위에 나는데 제주도와 울릉도에서도 볼 수 있다.

[특 성] 햇볕이 잘 드는 건조지 또는 모래땅에서 자라는 다년초로 동양의 야생 반디지치와는 다른 종속이지만 꽃이 아름다와 재배하는 사람이 많다.

[재 배] 풀처럼 보이지만 소형의 관목으로 방치하면 가지가 옆으로 기는 것처럼 신장하여 끝에만 꽃이 피기 때문에 삭막한 모습이 된다. 전지와 분갈이를 게을리하지 않는 것이 포인트이다. 배양토는 산모래에, 부엽토를 섞은 것으로 배수가 좋지 않으면 아랫가지가 마를 염려가 있다. 화분은 여름에도 양달에 놓는다. 꽃이 진 후 바로 분갈이를 하는데 세근의 절반을 잘라내고 가지도 여기에 준하여 전지한다. 그러면 가지가 짜임새 있는 수형이 된다.

[번식법] 분갈이 할 때에 잘라낸 잔가지를 강모래 삽상에 얕게 꽂아서 번식시킨다. 꽃을 순은 5cm 내외의 길이로 한다.

골무꽃   [꿀풀科]

[개화기] 5~6월

[분 포] 남부지방과 중부지방 그리

고 제주도의 산 속 그늘진 자리에 난다.

[특 성] 다년초로서 종속에는 10종류가 있지만 일반적으로 재배를 하는 것은 이 종류 외에「들깨잎골무꽃」,「좀골무꽃」,「떡잎골무꽃」 등이다.

[재 배] 강건한 종류로 그다지 용토를 가리지 않아도 배수를 잘 되게 하기 위하여 산모래에 부엽토와 소량의 피트모스를 섞어서 쓴다. 포기가 잘 갈라짐으로 매년 3월에 분갈이를 하여서 포기를 많이 나눌 수가 있다. 화분을 놓는 장소는 여름에도 양달이 좋다.

[번식법] 3월의 포기나누기에서 많은 포기를 번식시킬 수가 있고 또 실생으로도 가능하다.

[노 트] 산초계에서 재배하는 골무꽃은 기본형인 담자색의 꽃 이외에도 순백, 도화색 등의 꽃색도 있어서 시판되고 있다. 이것을 한 군데 모아 심어도 아름답다.

백리향   [꿀풀科]

[개화기] 5~6월

[분 포] 전국적으로 분포하며 높은 산지나 바닷가 바위 곁에서 자란다.

[특 성] 잎에서 좋은 향기가 나기 때문에 이러한 이름이 붙여졌다. 풀과 같은 외모를 가진 아주 작은 나무로서 줄기는 땅을 기어 높이는 3~15cm밖에 되지 않는다.

[재 배] 배양토는 골무꽃과 같으나

다소 산모래를 많이 하고 먼지를 **빼내**어 더 한층 배수가 잘 되도록 한다. 가지가 지상을 기어서 잘 뻗으므로 얕은 분에 높이심기를 하면 잘 어울린다. 3월에 분갈이를 하여 도장한 잔가지를 전지하고 뿌리도 크게 잘라내면 원기가 왕성해진다. 화분은 여름에도 양달에 내어 놓는다.

[노 트] 두가지 변종이 현재에 재배되고 있으며 잎 전체에 흰 부드러운 털을 밀생시키고 있는 것이 「섬백리향」. 잎이나 줄기가 지상에 붙어 있는 듯 낮게 작고, 꽃이 짙은 홍색인 것이 「애기백리향」이다.

누운주름잎 [현삼科]

[개화기] 4~5월

[분 포] 남부지방의 강이나 냇가의 습한 곳에 나는데 주름잎은 논두렁이나 다소 습기가 있는 곳에서 흔히 볼 수 있다.

[특 성] 꽃은 홍자색인 것이 많고 이것을 자색누운주름잎이라 하고 재배품인 백화형을 그냥 누운주름잎이라고 한다.

[재 배] 골무꽃과 같다. 지표를 기듯이 줄기를 뻗지만 꽃은 뿌리목 가까이의 잎 사이에서 꽃줄기가 나와서 그 위에 피운다. 그러므로 꽃무렵에도 도장한 기는 가지를 전지하지 않으면 분재배에서는 좋은 모양으로 가꿀 수 없다.

[번식법] 꽃이 진후에 새로 기는 가지가 나와서 그 선단에 작은 모가 붙는다. 이것을 잘라 떼어 번식시키지만 꽃이 진 후의 분갈이에서 많은 포기나누기를 할 수가 있다.

[노 트] 산초계에 보존되어 있는 것으로 누운주름잎의 소용돌이형도 있다.

두메투구꽃 [현삼科]

[개화기] 4~8월

[분 포] 평안도에서부터 백두산 분화구 안쪽까지 자란다.

[특 성] 고산에서 볼 수 있는 경우가 많으며 바위가 많은 곳이나 자갈 지대를 좋아한다. 그러나 산초계에서는 예로부터 재배해와서 순백의 꽃도 보급되어 있다.

[재 배] 심어도 좋으나 부엽토를 섞기도 하여 산모래만으로 심는다. 양달에서 재배하면 강건하게 육성된다.

[번식법] 3월에 분갈이할 때에 포기나누기를 한다. 실생이나 줄기꽂이도 가능하다. 줄기꽂이는 6월 경에 3~5cm의 줄기를 강모래 삽상에 꽂는다.

[노 트] 두메투구꽃의 기본종으로 잎의 결각이 깊은 「국화잎투구꽃」도 재배되고 있다.

산도라지 (아래는 백화형)

백도라지

구름국화

흰민들레

두메솜다리

갯씀바귀

산도라지 [초롱꽃科]

[개화기] 7~8월

[분 포] 전국 각지의 산야에서 자란다.

[특 성] 고산식물의 일종으로 자갈지대를 좋아한다. 식용이나 약재로 쓰기 위해 흔히 가꾸는 숙근성의 풀로서 높이는 40~100cm로 더덕과 같은 뿌리를 가지고 있으며 흔히 산야초로 재배하는 것은 백도라지, 흰겹도라지, 겹도라지로 불리는 것이 많다. 어느것이나 꽃이 크고 잎이 넓으며 무엇보다도 재배하기에 강건한 것이다.

[재 배] 먼지를 뺀 산모래에 소량의 부엽토를 섞어서 심는다. 특히 포기의 주위에서 화분의 표면 전체에 걸쳐서 지름 5mm 정도의 자갈로 덮으면 좋다. 고온다습의 계절에 이 부분이 부패하여 마르기 쉽기 때문이다. 화분을 놓는 장소는 여름에도 양달이다. 봄부터 8월까지 주에 2회씩 화학 액비를 계속 주고 이 기간에 꽃이 지면 바로 분갈이를 하며 포기의 간격을 넓혀 주는 것이 좋다.

[번식법] 포기나누기와 실생이다. 실생은 3월에 물이끼 묘상에 뿌릴 것이며 6월에 산모래 묘상에 갈아 심어 가을까지 비배 관리를 계속한다. 화분의 배수가 좋지 않을 때에도 여름 동안에 비를 맞히지 않는 것이 좋다. 10월에는 묘가 완전히 커지게 된다.

[노 트] 뿌리를 식용 또는 거담제로 사용하고 어린 순은 나물로 먹는다.

갯씀바귀 [국화科]

[개화기] 5~7월

[분 포] 제주도를 비롯하여 전국 각지의 해변가 모래밭에 난다.

[특 성] 다년초로서 지하경(땅속줄기)이 옆으로 길게 자라면서 잎이 달린다. 다른 씀바귀류와 달리 무딘 삼각형 내지 오각형으로 세 갈래 내지 다섯 갈래로 갈라진 잎이 모래 위로 나온다. 花梗(꽃꼭지)가 높이 3~15cm에 달하고 가지가 갈라져서 2~5개의 꽃이 달리며 잎이 없다. 잎처럼 보이는 것은 가장 밑에 있는 苞일 뿐이다.

[재 배] 땅에 심어 가꿀 때에는 줄기만 길게 자라나 꽃이 피지 않으므로 지름 20cm 정도 크기의 화분에 심는다. 흙은 별로 가리지 않는다.

[번식법] 꺾꽂이로 쉽게 증식시킬 수 있다.

구름국화 [국화科]

[개화기] 7~8월

[분 포] 백두산지역의 고산지대에서 자란다.

[특 성] 다년초로서 높이가 10~20cm밖에 되지 않는 아주 작은 풀로 뿌리

로부터 직접 자라나는 잎은 주걱꼴에 가까운 넓은 타원꼴로 광택이 있고 꽃줄기도 낮다. 이와 같이 관상 가치가 높으므로 예로부터 재배해왔으므로 증식에 의한 시판도 볼 수 있게 되었다.

[재 배] 뿌리나 땅속줄기가 대단한 통기성을 요함으로 땅속줄기의 주위에는 자갈만을 채우고 또 꽃이 끝나면 바로 분갈이를 하여 포기나누기를 하여 포기의 주위에 충분한 간격을 주는 것이 여름에 말라 죽이지 않는 포인트이다. 화분은 여름에도 양달에서 키운다.

[번식법] 포기나누기와 실생은 씨를 채취하여 뿌리며, 묘상은 먼지를 뺀 산모래를 쓴다.

[노 트] 꽃은 거의 백색이며 꽃줄기나 잎은 자적색을 띤 변종이나 잎이 넓은 풀색의 변종도 생산하게 되었다.

두메솜다리 [국화科]

[개화기] 4~5월

[분 포] 북부지방의 높은 산 양지바른 암석지에 자란다.

[특 성] 고산의 암석 자갈지대에서 자란는 다년초. 유럽의 고산 명화「에델바이스」와 동속으로 동양에는 그보다 자태가 아름다운 종류가 많이 있지만 강건한 종류로 개량되지 못한 현황을 애석하게 생각한다.

[재 배] 구름국화와 똑같고 번식법도 같다.

[노 트] 키가 7~15cm밖에 되지 않는 귀여운 풀로 에델바이스와 한 종류이다. 잎은 넓은 피침꼴인데 길이는 1~3cm밖에 되지 않으며 서로 어긋난 위치에 난다. 유럽의 에델바이스도 재배하면 강건한 종류이지만 다년초이므로 그루의 수명이 짧고 항상 포기나누기나 실생에 의하여 새모종을 보존할 필요가 있다.

흰민들레 [국화科]

[개화기] 4~6월

[분 포] 재주도를 제외한 전국에 분포한다.

[특 성] 다년초로 원줄기가 없고 모든 잎이 뿌리에서 나와 비스듬히 자란다.

[재 배] 야생 20종 이상이나 되는 것 중에서 흰 꽃은 희귀하다. 그래서 흔히 재배하는 것일 것이다. 그루의 분갈이를 그다지 자주 하지 않아서인지 오래 보존하는 사람이 적은 듯하다. 질화분을 써서 배수가 좋은 상태로 심고 매년 9월에 분갈이를 하여 항상 한 대의 그루로 재배하는 것이 좋다.

[번식법] 포기나누기, 실생, 휘묻이 등으로 한다. 휘묻이는 땅속줄기를 3cm로 잘라서 강모래 삽상에 꽂는다.

벗풀   보풀

돌창포

노랑 원추리

들원추리

왕원추리

각시원추리

홍도원추리

벗풀 [택사科]

[개화기] 8~10월
[분 포] 연못이나 도랑에서 자란다.
[특 성] 잎은 수중에 있는 선형, 즉 침수엽(沈水葉)과 수상에 긴 잎자루를 가진 직립한 화살촉형의 잎과 전혀 형태가 다른 2종류의 잎을 갖고 있다. 땅 속에 달리는 가지가 나와, 그 끝에 작은 눈이 붙지만 이 잎줄기가 대형이 되는 변종이 식용하는 「소귀나물」이다 잎의 생김새나 흰 꽃이 수생(水生)인 만큼 한결 서늘한 풍정을 느끼게 한다.
[재 배] 분재를 해도 높이가 30cm 이상이 됨으로 질화분 7치 정도에 심고 이것을 물로 채운 다소 깊은 수반에 넣는다. 배양토는 모래, 부엽토 등을 혼합하여 쓴다. 수련 화분에 심어도 좋지만 그럴 때에는 흙의 표면이 수면에 나올 정도로 한다. 화분은 언제나 양달에 놓는다.
[번식법] 3월에 분갈이를 하고 포기나누기를 한다. 그때에 옆으로 뻗은 가지의 끝에 달린 자구(새끼 알)를 모아 다른 화분에 심어도 번식이 된다.

보풀 [택사科]

[개화기] 7~9월
[분 포] 전국 각지의 늪이나 폐경된 논 등 얕은 물에 난다.

[특 성] 벗풀처럼 습지에서 자라는 다년초로 자태도 그와 비슷하지만 잎의 화살촉 형은 보풀 쪽이 한결 좁은 것이 많다. 그래서 더 한층 서늘한 느낌을 준다. 뿌리에는 벗풀과는 다르게 옆으로 뻗는 뿌리가 없고 잎자루의 밑둥이 안쪽에 많은 작은 알싹을 붙이고 있다.
[재 배] 벗풀과 같다.
[번식법] 3월에 분갈이를 하며 그때에 맞춰서 포기나누기를 하며 잎자루 밑둥의 알싹을 떼내어 번식시킨다.
[노 트] 다른 종속에 「질경이 택사」, 「택사」, 「소귀나물」 등이 있지만 이들은 벗풀에 비해 작아 그다지 재배하지 않는다. 질경이 택사, 택사 미근을 이뇨제, 수종 및 임질에 약용하며 소귀나물은 식용 또는 약용을 한다.

노랑원추리 [백합科]

[개화기] 6~7월
[분 포] 산지의 다소 건조한 초원에 자생한다.
[특 성] 다년초로 황록색의 아름다운 꽃이 저녁에 피어서 이튿날 오전중에 지는 특이한 꽃이다. 끈같은 굵은 뿌리가 뿌리줄기에서 사방으로 뻗는다. 잎은 2줄로 돋고 부채처럼 퍼지지만 거의 곧추서며 윗부분만이 뒤로 처진다.
[재 배] 높이가 1m에 가까우므로

7치 정도의 질화분에 심는다. 배양토는 산모래를 주체로 부엽토를 조금 섞는다. 화분은 양달에서 관리한다.

[번식법] 매년 반드시 3월에 분갈이를 하며 포기나누기를 한다. 뿌리가 많은 종류이므로 분갈이와 포기나누기를 게을리하면 포기의 쇠약이 빨리 오며 꽃붙임도 나빠지기 쉽다.

각시원추리 [백합科]

[개화기] 6~7월

[분 포] 전국적으로 분포하고 있으며 산지의 양지바른 풀밭에 난다.

[특 성] 다른 원추리에 비해 작아 높이는 60cm 정도밖에 되지 않는다. 화분에 알맞으므로 많이 재배되고 색채는 주황빛이 도는 노랑빛으로 대단히 아름답다. 땅 속에는 달리는 가지가 없고 뿌리의 중간이 부풀어 있다.

[재 배] 노랑원추리와 같다. 또 노랑원추리보다 포기가 많이 퍼짐으로 분갈이를 더 해줄 필요가 있다.

[노 트] 노랑원추리 그룹과는 달리 뿌리줄기가 길게 옆으로 기는 종류로 「들원추리」가 있는데 이것은 들의 도랑 주변에서 핀다. 이에 가까운 것이 해안에 피는 「홍도원추리」로서 잎이 상록이며 겨울에도 마르지 않는다. 겹꽃인 「왕원추리」는 중국 원산의 관상용으로 인가 주변에서만 볼 수 있다. 이들의 각종은 노랑원추리와 같은 요

령으로 재배한다.

돌창포 [백합科]

[개화기] 7~8월

[분 포] 평안북도에 나는 것으로 알려져 있으나 최근 철원 지방에서도 발견된 바 있다. 주로 습기가 있는 바위에 붙어서 자란다.

[특 성] 다년초로서 잎은 상록으로 길이 5~10cm, 꽃줄기 15cm 정도의 작은 종류이지만 돌에 붙여 키우면 서늘해 보여서 분재계에서도 예로부터 재배해왔다. 자생지는 비가 많이 오는 산지의 바위산이다.

[재 배] 얕은 분이나 수반 속에 부드럽고 보수성이 있는 돌을 놓고 그 측면에 진흙과 피트모스를 물에 이겨서 뿌리를 발라 붙이 듯이 심는다. 양달 또는 반그늘에서 관리한다.

[번식법] 3~4월에 분갈이를 하여 포기나누기를 한다. 때로는 가지의 뻗어 나오는 끝에 새 포기가 번식되는 경우도 있다.

[노 트] 창포처럼 꽃보다는 잎의 아름다움을 관상하기 위해 가꾸어지는 풀이다. 사람에 따라서는 꽃창포라고도 한다. 비슷한 종류로는 「한라꽃창포」가 제주도에 난다.

비비추

참비비추

중나리

산나리

문주란

참비비추 [백합科]

[개화기] 8~9월
[분 포] 광릉과 속리산의 냇가 근처
에서 자란다.
[특 성] 잎은 「비비추」를 닮았지만
옆으로 퍼지지 않고 다소 직립하는 경
향이 있다. 잎자루는 길고 잎의 폭도
좁지만 그것이 지극히 좁아진 것도 있
다. 재배하고 있는 여러 가지 비비추
가운데서 가장 늦게 꽃을 피우는 것으
로 희귀하여서 여기에 소개한다.
[재 배] 산모래를 주체로 한 배수가
잘 되는 배양토에 심는다. 여름에도 양
달에서 관리하며 강건한 종류이므로
흔히 포기나누기로 번식시킨다. 매년
3월의 분갈이에 맞춰서 포기를 나눈다.
[번식법] 주로 포기나누기로 한다.
[노 트] 연한 잎을 나물로 먹는다.

비비추 [백합科]

[개화기] 7~8월
[분 포] 남부와 중부지방에 분포하
며 산지의 어둡고 습한 암벽이나 너도
밤나무 등 고목의 줄기에 착생하고 있
다.
[특 성] 재배하여도 꽃은 다소 고개
를 숙여서 피므로 여름의 더위를 잊게
하는 풍취가 있어서 산초계에서는 일
찍부터 재배되고 있다. 다년초로서 잎

이 모두 뿌리에서 돋아 비스듬히 퍼진
다. 잎은 계란꼴 심장형 또는 타원꼴
계란형으로서 끝이 뾰족하고 가장자리
가 밋밋하지만 약간 우굴쭈굴해지며
길이 12~13㎝, 나비 8~9㎝로서 8~9
맥이 있다.
[재 배] 산모래와 부엽토를 반반씩
혼합하여 먼지를 잘 빼서 배수가 잘 되
도록 하여 질화분에 심는다. 화분은 반
그늘에 둔다. 뿌리가 땅 속으로 깊이
들어가는 것을 싫어함으로 가급적이면
얕게 심는다.
[노 트] 야생의 비비추 중에는 습지
에 피는 「일월비비추」, 「좀비비추」, 「
산옥잠화」 등이 소형으로 꽃색이 가장
진하다. 여기에 비하여 비비추는 꽃색
이 거의 백색에 가까워 대조적이다. 연
한 잎을 식용으로 하며, 흰 꽃이 피는
것을 「흰비비추」라고 한다.

산나리 [백합科]

[개화기] 7~8월
[분 포] 한국, 일본.
[특 성] 반그늘의 경사지에서 피는
백색의 나리. 꽃 가운데에 적갈색의 가
는 반점이 있고 꽃가루도 적갈색이다.
사람이 심은 것이 야생화한 것이다.
[재 배] 노지재배에 적합하지만 분
재배를 한다면 구근의 지름의 3~4배
의 둥근 형의 질화분을 준비한다. 배양
토는 산모래, 피트모스, 부엽토를 같은

양으로 섞고 화분 깊이의 양 중간에 구근을 심는다. 화분의 위치는 양달 또는 반그늘에 둔다.

[번식법] 구근의 자연분구 번식과 실생, 구근의 비늘조각 꽂이가 있다. 실생은 3월에 씨를 산모래 묘상에 뿌리지만 발아는 땅 속에서 이루어지며 최초에는 작은 구근이 될 뿐 지표에 잎이 나오지 않는 기간이 길다는 것을 각오해야 한다. 비늘조각 꽂이는 생육이 좋은 구근의 비늘조각을 1매씩 벗겨서 이것을 강모래 삽상에 꽂는다. 비늘조각은 비스듬히 기울게 하여 ⅔ 정도로 묻는다. 끝단은 물론 노출되는 것이다. 9월이 적기로 발아는 이듬해 봄이지만 겨울 동안에는 비닐 프레임 등으로 얼지 않도록 해야 한다.

중나리 [백합科]

[개화기] 7~8월.
[분 포] 제주도와 울릉도를 제외한 전국 각지에 분포하며 산지 초원에서 핀다.
[특 성] 다년초로 원예종의 참나리처럼 줄기에 자색 반점도 없고 잎의 옆구리에 잎눈도 붙지 않는다. 전체에 그보다 소형으로 부드러운 느낌을 준다. 땅 속에 옆으로 뻗는 긴 가지가 나오고 그 중간에 자구가 생긴다.
[재 배] 거의 산나리와 같지만 이것은 여름에도 양달에서 관리한다. 또 산나리보다도 한층 더 배수가 잘 되는 배양토에 심어야 한다.
[번식법] 산나리와 같다. 옆으로 뻗는 가지의 자구를 떼내어 심는 것만으로도 번식이 잘 된다.
[노 트] 참나리는 각지에서 야생하지만 그 대부분이 사람이 심은 것에 기원한 것으로 추정된다. 중나리의 어린잎과 비늘줄기는 식용으로 하며 참나리와 더불어 약용한다.

문주란 [수선화科]

[개화기] 7~8월.
[분 포] 제주도의 토끼섬에서 자란다.
[특 성] 상록 다년초로서 꽃이 완전히 피는 것은 심야이지만 꽃에서 나는 향기가 황홀하게 한다. 꽃줄기는 높이 50~80㎝ 에 지름이 1.8㎝정도로서 백색이다.
[재 배] 서리가 적은 더운 곳이면 양달에서 노지재배를 하지만 그 외의 지방에서는 분재하여 겨울에는 프레임에 넣어서 키운다. 강모래를 주체로 배수가 좋도록 심는다.
[번식법] 포기나누기와 실생으로 한다. 실생은 강모래 묘상에 채취하여 뿌린다.

부레옥잠   물닭개비

범부채   범부채의 종자

긴겨이삭

황새풀

작은황새풀

부레옥잠 [물옥잠科]

[개화기] 8~9월

[분 포] 열대아메리카가 원산이며 관상용으로 수조 등에 심는 다년초로서 밑에서 잔뿌리가 많이 돋고 잎이 많이 달린다.

[재 배] 잎자루의 중간이 굵게 부풀어 물에 뜨는 역할을 하고 있다. 잎자루가 이와 같이 부푸는 것은 꽃을 피우지만 처음부터 물에 떠 있으면서 잎자루가 부풀지 않은 포기는 꽃붙임이 나쁘다. 따라서 화분 등에 뿌리를 단단히 심고 허릿물(화분을 물에 담그는 법)에 담그면서 양달에서 비배하지 않으면 꽃을 보기에도 어렵다. 배양토는 가리지 않으나 겨울에는 강한 추위와 건조로부터 막아주어야 한다.

[노 트] 야생종으로 비슷한 자색의 꽃을 피우는 것으로 「물옥잠」과 「물닭개비」가 있다. 두 가지 모두 초야의 정취가 물씬 나는 가련한 꽃이지만 1년초이므로 매년 종자를 채취하여 뿌려야 한다. 그 외의 재배 요령은 부레옥잠과 다를 것이 없다.

범부채 [붓꽃科]

[개화기] 7~8월

[분 포] 전국의 산과 들에 나는데 보기가 어려우며 마른 풀밭을 좋아한다.

[특 성] 잎이 펼쳐지는 모양이 부채와 같고 꽃잎에 붉은 얼룩이 있기 때문에 범부채라 한다. 지름 3~4cm의 붉은 오렌지색 꽃을 피운다. 꽃이 진 후에 흑색의 광택이 강한 씨를 내는데 이것이 사간(射干)이라고 하여 근경과 더불어 약용으로 쓰이며 많이 재배하는 꽃의 하나이다.

[재 배] 볕이 잘 드는 바깥 장소에서 재배해도 되고 분재도 된다. 질화분 5~7치의 넉넉한 화분을 놓는 적합하다. 배양토는 산모래를 주체로 부엽토를 섞는다. 화분의 자리는 양달.

[번식법] 매년 3월에 분갈이를 하며 포기나누기를 하는 것 외에 10~11월에 종자를 채취하여 산모래 묘상에 뿌려서 모를 만든다.

[노 트] 뿌리줄기를 편도선염 완화제로 약용한다.

긴겨이삭 [벼科]

[개화기] 6~8월

[분 포] 금강산 이북에서 자란다.

[특 성] 다년초로서 밑부분에 ·새싹이 달리며 높이 30~80cm이다. 잎은 길이 3~10cm 나비 1~2mm로서 약간 접히거나 편평하고 밑부분에서 자란 잎은 접혀서 실 같으며 길이 2~5cm, 나비 0.5cm 정도이다. 여름의 풍물로서 서늘한 모습이기 때문에 옛부터 재배해왔다. 꽃가게에서 보이는 것은 잎에

무늬가 들어 있는 것이 많다. 이 반점에는 녹색의 잎에 누런 무늬 또는 흰 무늬가 세로 무늬를 이룬 것과 흰 무늬와 붉은 무늬를 섞은 것의 3종이 있다.

[재 배] 질화분으로 얕은 분에, 배양토는 산모래, 부엽토, 피트모스를 같은 분량으로 혼합하여 뿌리를 산 모양으로 높이 심는다. 화분을 놓는 자리는 반그늘. 여름에는 화분에서 뿌리를 빼서 얕은 수반에 올려 관상하면 한결 서늘한 기분을 준다.

[번식법] 3월에 포기나누기를 한다.

[노 트] 이 풀의 별명이 풍지초(風知草)이듯이 계곡의 싸늘한 바람을 연상케 하는 풀이다.

황새풀 [사초科]

[개화기] 6~8월

[분 포] 중부지방과 북부지방의 고산지대에 분포하며 양지바른 자리에 형성되는 습지에 난다.

[특 성] 숙근성의 풀로서 무리를 이루어 자라는 다년초로 총생하며 높이 30~60㎝이다. 주로 물이끼가 긴 습지에 군락을 지으며 꽃이 진 후에 실 같은 화피편(花被片)이 신장하여 솜뭉치처럼 생기는데 그 모양이 대단히 아름다워서 재배해오고 있다.

[재 배] 질화분 중 커다란 분에 논흙에 부엽토나 피트모스를 섞어서 심고 물에 담궈서 양달에서 관리한다. 겨울에는 수반에서 빼도 괜찮지만 극단적인 건조는 피하는 것이 좋다.

[번식법] 매년 3월에 분갈이를 하면서 3~5개의 싹을 포기 단위로 하여 포기나누기를 한다.

[노 트] 꽃가게에서는 이 종류를 닮은 작은「애기황새풀」이 팔리고 있다. 성질은 황새풀과 같지만 본래 한대지방의 종류이므로 7월에 꽃이 피기 시작하면, 반그늘에 옮겨서 관리하는 것이 좋다.

작은황새풀 [사초科]

[개화기] 6~8월

[분 포] 강원도 이북의 습지에서 자란다.

[특 성] 다년초로서「황새풀」은 줄기의 꼭대기에 1개의 꽃이 공처럼 피지만 작은황새풀은 몇 개씩 가지가 갈라져서 아래로 숙이고 핀다.

[재 배] 번식법은 역시 황새풀과 같다.

[노 트] 분갈이를 게을리하면 황새풀의 포기는 공 모양으로 부풀고 이것을 쪼개자면 칼 같은 도구가 필요하지만 이 작은황새풀은 옆으로 뻗는 가지가 나와서 뿌리가 공처럼 굳어지지 않는다.

꽃양하

닭의난초

무엽란

여름새우난

해오라비난초

<table><tr><td>

양하 [생강科]

</td><td>

해오라비난초 [난초科]

</td></tr></table>

[개화기] 8~10월

[분 포] 남부지방에서 흔히 볼 수 있다.

[특 성] 열대 아시아 원산이며 남부지방의 절에서 흔히 심고 있는 다년초로서 어두운 숲 속에서 큰 그루가 된다. 지하경이 옆으로 뻗고 높이가 40~100cm에 달한다. 잎은 피침형 또는 타원형이고 길이 20~35cm, 나비 3~6cm이다. 꽃은 황색 또는 주황색을 띤다.

[재 배] 한랭지에서는 겨울 동안에는 온실이나 프레임에 넣어야 하지만 더운 곳에서는 서리와 건조를 막아주면 노지재배도 가능하다.

화분은 7치 이상의 대형 질분을 쓰며 산모래에 소량의 부엽토를 섞어서 심는다.

뿌리는 건조에 강하기는 하지만 과습에는 약하다. 화분의 자리는 그늘이 원칙이지만 봄부터 장마철까지와 가을에는 양달에서 가꾸면 그루가 잘 번식된다.

[번식법] 씨를 받아서 뿌리는 것 외에 4월에 분갈이할 때에 포기나누기를 해준다.

[노 트] 이 그룹은 약용식물명을 「축사(縮謝)」라고 하며, 이것의 씨는 「사인(謝仁)」이라고 한다. 또 화서와 어린 잎을 식용으로 한다.

140

[개화기] 7~8월

[분 포] 산지의 양지쪽 습지에서 자라는 다년초로서 남부에서는 수원과 칠보산에서 자란다.

[특 성] 자생지가 개발되는 등으로 야외에서는 꽃이 점점 희귀하게 되었다. 백로가 날개를 활짝 펴고 날아가는 모습이 연상됨으로 이런 이름이 붙여졌다. 타원형의 알줄기에서 옆으로 뻗는 땅속줄기가 돋으며 끝에 알줄기가 달린다. 큰잎은 4~5매로서 잠자리난초보다 조금 작다. 꽃은 1~3개 이상 피어나 4~5개월 동안 계속 피어 있다. 꽃의 색깔이 눈처럼 희다는 것과 꽃 모양에 관상가치를 두고 있다.

[재 배] 물이끼 단용 또는 산모래를 주체로 한 배양토로 심는다. 포기의 번식은 물이끼 단용이 일반적이다. 산모래가 주체인 때에는 소량의 부엽토와 피트모스를 섞어서 심는다. 양달에서 아침, 저녁으로 흠뻑 물주기를 하여 관리하며 비료는 월에 1~2회 아주 엷은 화학 액비를 준다. 겨울에는 추위와 극도의 건조를 막아주어야 한다.

[번식법] 땅 속에서 옆으로 뻗는 가지가 몇 대 나와서 그 끝머리에 자구가 생긴다. 겨울에 옆으로 뻗는 가지가 마른 다음에 분갈이를 하면 이 자구는 물

이끼나 배양토에 뒤섞여서 찾기 어려움으로 분갈이는 10월쯤이 좋다.
[노 트] 꽃이 해오라기의 날개같이 보이는 것은 꽃의 겉잎의 열편이 발달한 것이다.

닭의난초 [난초科]

[개화기] 6~7월
[분 포] 경기도 이남의 산골짝 습지에서 자라는 다년초.
[특 성] 꽃은 황갈색, 즉 감색인데 꽃의 안쪽에는 홍자색의 반점이 있다.
[재 배] 4~5치의 질화분을 쓴다. 산모래, 부엽토를 같은 양으로 섞은 배양토에 심는다. 봄부터 장마철까지는 양달에서 가꾸며 그 이후 9월의 여름까지는 볕이 잘 드는 처마 밑으로 이동하여 비를 맞지 않는다. 비료는 월 2회 정도 묽은 화학 액비를 준다.
[번식법] 땅 속에서 옆으로 뻗는 가지의 중간에서 새 포기가 나는 경우가 있다. 이 포기에서 줄기가 나오면 1년 동안은 그대로 키우고 2년째의 3월에 분갈이를 할 때에 이 새 포기를 잘라 떼어서 번식시킨다.

여름새우난 [난초科]

[개화기] 7~9월.
[분 포] 제주 한라산 남쪽 해발 600-~800 m 사이의 낙엽성 잡목 숲 속이나 작은 개울가의 자갈밭에 군생한다.
[특 성] 다년초로서 담자색의 꽃을 띄엄띄엄 피우고 꽃이나 잎의 자태가 봄에 피는 새우난류에 비하면 쓸쓸하다. 아무래도 여름의 새우난답게 청량감이 난다. 산지의 다소 습도가 높은 낙엽 숲 속에서 자생하는 상록성이다.
[재 배] 새우난초(56페이지)와 거의 같지만 화분 속에 수분이 많이 고이면 여름에 쇠약해질 염려가 있다. 그래서 6~9월 동안에는 비를 맞히지 말고 밝은 처마 밑 등에서 관리하는 것이 좋다.
[번식법] 새우난초(56페이지)와 같다.

무엽란 [난초科]

[개화기] 6~7월
[분 포] 홍도의 동백나무 숲 속에서 자란다.
[특 성] 높이 20~40cm이고 몇 개의 뿌리가 옆으로 뻗으며 자란다. 꽃은 길이 1.5~2cm로서 반 정도 벌어지며 백색이지만 때로는 연한 갈색이 돈다. 열매는 긴 타원형이고 길이 3~4cm로서 건조하면 원줄기와 더불어 흑색이 된다.
[재 배] 산모래와 부엽토를 반씩 섞어서 심으며 물빠짐이 잘 되도록 주의한다. 반그늘에서 가꾸도록 한다.

술패랭이꽃

패랭이꽃

구름패랭이꽃

갯패랭이꽃

술패랭이꽃 [석죽科]

[개화기] 6~9월.

[분 포] 비교적 깊은 산골짜기의 초원이나 강가의 양달에 핀다.

[특 성] 키는 50~100cm 정도가 되며 비슬거리는 줄기에 가느다란 피침꼴의 잎이 마주 난다. 패랭이꽃과 한 종류인 숙근성의 풀로 분홍빛 꽃은 다섯 장의 꽃잎으로 구성되어 있는데 꽃잎의 끝이 가늘게 갈라지는 것이 술패랭이꽃의 두드러진 특징이다.

[재 배] 강인한 풀이기 때문에 가꾸기 쉬우며 어떤 흙에서도 잘 자라나 물지님이 좋은 흙으로 심어주면 좋다. 화분은 여름에도 양달에서 관리하며 시비에는 칼리 성분이 많은 것을 주는 것이 좋다.

다년초이지만 재배하면 1포기의 수명은 그다지 길지 않으며 어린 포기가 일찌기 개화한 경우는 꽃이 지면 포기가 말라 죽는 경향이 있다.

그래서 꽃이 지기 직전 어리고 묵은 것을 막론하고 분갈이를 해주고 포기를 쪼개서 줄기를 버리고 새 포기만을 정식하는 것이 좋다. 이것은 패랭이꽃속의 각종에 공통된 재배 포인트이다.

[번식법] 포기나누기와 실생 그리고 줄기꽂이. 실생은 종자를 산모래 묘상에 뿌린다. 줄기꽂이는 6월에 줄기의 한 마디를 단위로 하여 길이 5cm 내외로 잘라 맞춰서 산모래 삽상에 꽂는다.

[노 트] 술패랭이꽃은 낮은 지대의 종류이지만 고산식물인 구름패랭이꽃도 강건하므로 잘 재배되고 있다. 술패랭이꽃의 밑둥을 싸고 있는 포(苞)는 3~4대(對)가 원칙이지만 구름패랭이꽃의 포는 2대로 오히려 왜술패랭이꽃과 닮았다. 구름패랭이꽃은 자태가 낮고 높이 10~15cm에서 피고 분재에 걸맞는 자태로 좋다.

이 종류는 잎이나 줄기가 흰가루처럼 피어서 더 한층 관상 가치가 높다.

어느것이나 재배 번식법의 요령은 술패랭이꽃과 같다. 꽃이나 열매를 그늘에서 말려 이뇨제 및 통경제로 약용한다.

갯패랭이꽃 [석죽科]

[개화기] 6~10월.

[분 포] 남부지방의 해변 모래밭에 나며 부산 근처의 바닷가에서 자란다.

[특 성] 다년초로서 잎은 두텁고 넓으며 강한 광택이 있고 줄기의 밑둥은 목질화 되어 있다. 갯패랭이꽃은 높이 20~50cm이고 근생엽(根生葉)은 방석처럼 퍼지며 도피침형이고 길이 5~9cm로서 가장자리에 털 같은 돌기가 있다. 꽃은 홍자색이고 원줄기 끝이나 근처에 엽액에서 나온 가지 끝에 모여 달리므로 늠름하고 꽃색도 진하다. 갯패랭이꽃은 그 꽃빛부터가 보라빛이

감돈다.

[재 배] 재배, 번식법 모두 술패랭이꽃과 같다. 단, 겨울에도 근생엽은 살아 있으므로 서리나 눈을 맞히지 않도록 밝은 양달에서 계속 재배한다.

[노 트] 어떤 지방에서는 자태가 작은 별종인 난장이패랭이꽃이 있지만 재배요령은 갯패랭이꽃과 같다.

패랭이꽃 [석죽科]

[개화기] 6~8월.

[분 포] 전국적으로 분포한다.

[특 성] 낮은 지대의 건조한 곳이나 냇가 모래땅에서 자라는 다년초로서 높이가 30cm에 달하고 여러 대가 같이 나와 곧추 자라며 전체에 미백색이 돈다. 잎은 대생이고 선형 또는 피침형으로서 끝이 뾰족하다. 꽃은 윗부분에서 약간의 가지가 갈라지고 그 끝에서 꽃이 1개씩 핀다.

[재 배] 술패랭이꽃과 거의 같으며 거름은 월 1회 깻묵가루나 덩이거름을 조금씩 분토 위에 놓아주거나 물거름을 월 2~3회 준다. 꽃이 지기 직전에 어리고 묵은 것을 염두에 두지 말고 분갈이를 해준다.

[번식법] 분갈이는 꽃피고 난 후에 하며 증식은 포기나누기와 꺾꽂이에 의한다.

[노 트] 꽃과 열매가 달린 전체를 그늘에서 말려 약용으로 한다.

구름패랭이꽃 [석죽科]

[개화기] 7~8월.

[분 포] 북부지방의 고산지대에 분포하며 암석지 또는 풀밭에 난다.

[특 성] 평지에 나는 술패랭이꽃이 고산지대의 환경요인에 적응한 것으로서 학술상 술패랭이꽃의 변종으로 다루어진다. 높이 30cm 정도이고 꽃은 고산지대에 나는 풀의 특징이 그대로 나타나 지름이 3~4cm로서 술패랭이보다 크다. 색채도 한층 짙어 아름다운 분홍빛이다.

[재 배] 산모래와 같이 물이 쉽게 빠질 수 있는 흙으로 심으면 잘 자란다. 화분은 얕고 넓은 것이 좋으며 거름은 월 1회 깻묵가루를 분 위에 조금 얹어준다. 화분은 양지바른 곳에 놓아 두고 물을 줄 때는 과습이 되지 않게 한다.

[번식법] 꽃핀 후에 묵은 뿌리를 짧게 다듬어 분갈이를 할 때 꺾꽂이로 바로 가꾸어 나가는 것이 좋다. 꺾꽂이는 5~6월에 모래에 꽂는다.

동자꽃

제비동자꽃

털동자꽃

큰꽃으아리

산매발톱꽃

털동자꽃 [석죽科]

[개화기] 6~8월.

[분 포] 중부지방과 북부지방의 다소 높은 산, 특히 고원지대와 같은 지형을 가진 곳에 난다.

[특 성] 산지의 어두운 숲 주변에 피며 진홍빛 꽃은 좀 음산한 감이지만 과연 심산을 헤치고 들어간 기분이다. 산초 같지 않은 그 꽃색깔에 이끌려 오래 전부터 재배해왔다.

[재 배] 산모래에 석회질의 모래, 부엽토를 같은 양으로 섞은 배양토를 5치 정도의 화분에 심는다. 봄부터 장마철까지 양달에 그 이후는 반그늘에서 관리한다. 5~6월에 2회 정도 순을 치면 가지가 퍼져서 꽃붙임이 많아진다.

[번식법] 포기나누기, 실생, 줄기꽂이 등. 이 종류를 위시하여 이 페이지의 각종은 위의 술패랭이꽃(144페이지)처럼 한 그루의 수명은 그다지 길지 않다. 그래서 항상 어린 포기를 보존할 필요가 있어서 매년 모종을 만드는 데에 유의해야 한다.

[노 트] 마디가 굵고 진홍색을 띠고 있다. 잎은 계란형 또는 피침형, 타원형으로 끝이 뾰족하다.

동자꽃 [석죽科]

[개화기] 6~8월.

[분 포] 중부지방과 북부지방의 다소 높은 산.

[특 성] 깊은 산 속이나 높은 산의 초원에서 자라는 다년초로 높이 40~100cm. 줄기에 긴 털이 있고 잎은 대생에 잎자루가 없고 타원형. 꽃은 지름 4cm 정도, 짙은 홍색 또는 백화형도 있다.

[재 배] 심는법은 털동자꽃과 같아도 상관없지만 이것은 여름에도 양달에서 재배한다. 줄기가 꺾이기 쉬운 것은 동자꽃속 각종에 공통된 성질이지만 적심할 것과 그루의 생육기에 볕을 잘 쬘 것, 칼리 성분이 많은 비료를 주는 것 등이 줄기를 튼튼하게 하는 대책이다.

[번식법] 술팽랭이꽃(144페이지)과 같다.

[노 트] 꽃잎의 가장자리에 작은 톱니가 많이 보이는 것이 특징이며 일본 사람 들은 훌륭한 관상 자원의 하나로 재배하고 있다. 닮은 종류로「가는동자꽃」은 강원도와 백두산 지역의 습지에서 자라는 다년초로 재배 요령은 동자꽃과 같다.

제비동자꽃 [석죽科]

[개화기] 7~8월.

[분 포] 대관령 이북의 풀밭.

[특 성] 다년초. 꽃은 같은 속의 다른 종보다 다소 작지만 꽃잎의 중앙이 깊이 패어져 제비꼬리처럼 피어서 제

비동자꽃이다. 그 특수한 꽃 모양이 진기하여서 산초계에서는 일찌기 재배해왔다. 최근에는 양산하고 있다. 꽃색깔도 짙은 홍색으로 찬란하다.

[재 배] 산모래를 주체로 여기에 석회질의 모래 또는 부엽토를 조금 섞어서 배양토로 한다.

여름에도 양달에서 관리하지만 특히 화분 속의 배수가 잘 되도록 하는 것이 중요하다.

[번식법] 술패랭이꽃(144페이지)과 같다.

산매발톱   [미나리아재비科]

[개화기] 7~8월.

[분 포] 북부지방의 고산지대에 분포한다.

[특 성] 높이 10~20cm 정도로 굵은 뿌리줄기를 갖고 있다. 꽃자루는 끝에서 두세 갈래로 갈라지며 뒤쪽에 매의 발톱처럼 굽은 조직이 붙어 있는 보랏빛 꽃이 한 송이씩 피어난다.

[재 배] 성숙한 그루는 6~7월의 큰 화분이 필요하지만 시판하는 모종을 구입했을 때에는 5치 분이 적합하다. 배양토는 산모래를 주체로 소량의 피트모스를 섞어서 배수가 잘 되도록 심는다. 봄부터 장마가 들 때까지는 양달, 그 이후는 반그늘에서 재배한다.

[번식법] 뿌리줄기가 잘 발달하므로 3월에 분갈이를 하며 그때에 포기나누

기와 동시에 뿌리줄기의 끝머리의 일부를 잘라서 번식시킨다.

큰꽃으아리   [미나리아재비科]

[개화기] 6월.

[분 포] 전북과 충남북을 제외한 전국에 분포하며 양지바른 숲 등에 난다.

[특 성] 숲 속이나 가장자리의 양달이나 습지의 가까운 곳에 자생하는 비교적 흔히 자라는 낙엽 덩굴 줄기로 가늘고 길어서 2~4m 정도로 뻗는다. 사문암 지대에서는 바위 틈에서도 자란다. 원예종인 「위령선」은 꽃받침의 조각이 6매이며 큰꽃으아리는 8매이다.

[재 배] 전 해에 목질화된 줄기는 부러지기 쉬우므로 주의하여 다룬다. 배양토는 산모래를 주체로 여기에 부엽토를 섞어서 쓰며 화분의 자리는 양달 또는 반그늘. 봄부터 여름 직전까지는 화분을 수반에 담궈도 좋다.

[번식법] 주로 줄기꽂이와 취목이다. 줄기꽂이는 6월에 새 가지 끝을 두 마디씩 마디 사이를 잘라서 경단꽂이를 한다. 취목은 4월에 지난 해의 줄기를 깊이 3cm로 묻었다가 발근되면 잘라서 번식시킨다.

금꿩의다리

노랑매발톱꽃

수련

은꿩의다리

물레나물

노랑매발톱꽃 [미나리아재비科]

[개화기] 7~8월.

[분 포] 중부지방과 북부지방의 산지나 양지바른 풀밭에서 난다.

[특 성] 산지의 초원이나 햇볕이 잘 드는 계곡에서 자라는 다년초로서 기본적인 꽃 색깔은 황색과 자갈색의 2종 그러나 때로는 전체가 크림색이 되는 것도 있다.

[재 배] 배양토는 그다지 가리지 않으나 가볍고 배수가 잘 되는 것으로 하여 소량의 부엽토를 섞는다. 화분은 여름에도 양달에서 관리한다.

[번식법] 포기나누기와 실생. 그루는 매년 3월에 분갈이를 할 때에 포기나누기를 한다. 포기가 몇 개씩이나 붙어 있는 상태가 되면 꽃이 진 이후에 포기 전부가 마르는 경우가 있으므로 봄의 포기나누기는 게을리할 수가 없다. 씨를 채취했으며 산모래 묘상에 뿌린다.

금꿩의다리 [미나리아재비科]

[개화기] 7~8월.

[분 포] 전국 산야의 양지바른 풀밭.

[특 성] 주로 중부 이북에서 자라는 다년초. 산지의 밝은 숲 속이나 다소 저습한 장소에서 볼 수 있으나 자생지는 한정되어 있다. 그러나 꽃받침의 자색과 꽃밥의 황색과의 대조가 아름다

와서 일찌기 재배해와서 최근에는 꽃가게에 나와 돌 수 있을 만큼 증식되어 있다.

[재 배] 산모래, 부엽토, 피트모스를 같은 양으로 섞은 배양토에 심는다. 화분은 봄부터 장마까지는 볕을 쐬며 관리하고 그 이후는 반그늘에 옮긴다.

[번식법] 3월에 분갈이를 할 때에 동시에 포기나누기가 가능하다. 씨는 산모래 묘상에 뿌린다.

[노 트] 최근에는 주로 유럽에서 개량한 꽃잎이 대형인 종류도 시판되고 있다.

은꿩의다리 [미나리아재비科]

[개화기] 7~8월.

[분 포] 전국 산야의 양지바른 풀밭에 자란다.

[특 성] 숲 속 주변의 다소 건조한 장소에서 자라는 다년초. 꽃이 순백이므로 은꿩의다리라는 이름이 붙었고 전자는 금꿩의다리인 것이다. 대조가 재미있어서 두 가지를 함께 심고 있다.

[재 배] 재배법은 금꿩의다리와 같지만 전자는 물을 즐기지만 이것은 다소 건조한 것이 줄기가 단단해진다. 그러므로 부엽토 등을 많이 섞어서 더 한층 배수가 잘 되도록 한다. 화분은 여름에도 양달에서 관리한다.

[번식법] 금꿩의다리와 같다.

[노 트] 잘 닮은 흰 꽃을 피우는 종

류로 산꿩의다리가 있다. 뿌리를 보면
은꿩의다리는 흰 실 같은 뿌리뿐이지
만「산꿩의다리」의 뿌리는 작은 감자
처럼 부풀어 있으므로 구별이 된다. 화
기는 산꿩의다리가 1개월 정도 빠르다.
재배의 요령도 같다.

수련 [수련科]

[개화기] 7~8월.
[분 포] 전국적인 분포를 보인다.
[특 성] 다년초로서 산지의 초원에
서 각지의 늪이나 강가에서 핀다. 뿌리
줄기는 굵고 짧으며 그 밑에서 많은 뿌
리가 나오며 잎은 뿌리에서 나오고 잎
자루는 길다. 꽃은 지름 5cm 정도로 낮
2시경에 개화하고 밤에는 오무린다. 그
래서 이름하여 수련(睡蓮)이라고 한다.
이 종속에는 많은 원예종이 있으나 그
대부분이 내한성에 약하다.
[재 배] 못에서도 화분에서도 키울
수가 있지만 질화분에 심고 이것을 물
속에 넣는 것이 편리할 것이다.
　화분은 큰 것이 좋고 화분의 표면과
수면과의 간격은 20~30cm 정도가 이
상적이다.
　반드시 볕이 잘 드는 장소에서 재배
한 다.
[번식법] 뿌리줄기에 곁눈이 붙어서
그것이 잘 자라므로 3월 또는 11월에
분갈이를 할 때에 이것을 잘라 떼어서
번식시킨다.

물레나물 [물레나물科]

[개화기] 6~8월.
[분 포] 전국적인 분포를 보인다.
[특 성] 양지와 바닷가에서 흔히 자
라는 다년초로서 지역에 따라서는「고
추나물」등 그 종류가 많으나 이 물레
나물이 그 중 꽃이 가장 크고 꽃잎이
선회하는 것처럼 소용돌이형으로 피어
서 예로부터 재배해왔다.
[재 배] 어떤 흙이나 무난하나 산모
래를 주체로 여기에 부엽토 또는 피트
모스를 섞어서 심고 양달에서 재배한
다. 물을 좋아하며 건조에는 약하다.
[번식법] 다년초이지만 꽃을 과다하
게 피우면 한 해로 수명이 끝나는 경우
가 있으므로 모종을 항상 마련해 둘 필
요가 있다. 실생과 줄기꽂이로 번식시
키지만 줄기꽂이는 잎을 2~4매 붙여
서 길이 5cm안팍의 순을 붙여서 강모
래 삽상에 꽂는다. 실생은 산모래 묘상
에 뿌린다.
[노 트] 어린 순을 나물로 하고 한방
에서는 연주창, 부스럼 및 구충에 약용
으로 한다. 암술대의 윗부분에서 ⅓정
도 갈라지는 것을「큰물레나물」이라고
한다.

외잎승마

나도승마

산수국

꽃담배

구름송이풀

외잎승마 [범의귀科]

[개화기] 6~7월.

[분 포] 압록강 상류 연안지대의 바위 겉이나 암벽에 착생한다.

[특 성] 승마의 무리 가운데에서는 이것만이 이름 그대로 외잎이다. 잎의 생김새는 계란꼴이고 3~5갈래로 갈라져 있다. 잎 가장자리에는 크고 작은 톱니가 나 있고 잎 표면은 윤기가 난다. 꽃줄기는 10~30㎝의 높이로 자란 원뿌리꼴의 꽃이삭을 형성한다. 꽃잎과 꽃받침 모두가 흰 줄꼴이고 크기는 3~5mm이다. 가련하고 아름다우며 때로는 연분홍꽃이 피는 것도 있다.

[재 배] 물이끼 단용이 가장 순조로우나 접시분에 산모래와 피트모스를 섞은 용토를 산 모양으로 올려 담고 여기에 높이 심으면 풍취가 더 좋다. 화분은 반그늘에 놓는다.

[번식법] 매년 3월에 분갈이를 할 때에 포기나누기를 한다. 실생도 잘 되며 씨를 물이끼 묘상에 뿌리면 성장이 빠르다.

나도승마 [범의귀科]

[개화기] 8~9월.

[분 포] 백운산 동쪽 비탈, 특히 표고 80m 근처에서 자란다.

[특 성] 다년초로서 키는 80~120㎝ 정도이다. 잎은 단풍잎과 흡사한 외모이며 어두운 녹색으로 약간의 윤기가 난다. 1속 1종의 식물로 분포도 드물고 학술적으로는 귀중한 존재이다. 원래 희귀종이었으나 근래에 와서 양산으로 많이 보급되게 되었다.

[재 배] 노지재배를 그늘진 경사지에 심고 충분히 관수를 하면서 가꾸면 뿌리줄기가 크게 자라므로 7치 이상의 화분을 쓰는 것이 좋다.

배양토는 산모래 부엽토 등을 혼합하여 쓰며 가급적 배수가 잘 되도록 하며 다습하지 않도록 관리를 한다. 화분은 반그늘에 둔다.

[번식법] 한 해 건너 분갈이를 하며 그때 땅속의 뿌리줄기의 일부를 떼어서 번식시킨다.

그러나 가급적이면 실생으로 번식시키는 것이 강건하게 된다. 씨는 산모래 묘상에 뿌린다.

산수국 [범의귀科]

[개화기] 7~8월.

[분 포] 경기도 및 강원도 이남에서 자란다.

[특 성] 산간 계곡의 어둡고 습도가 높은 숲 속에서 핀다. 꽃은 담홍색으로 수국과 똑같은데 나무가 아닌 풀이라 귀엽다. 낙엽관목으로 높이가 1m에 달한다.

[재 배] 땅속줄기는 목질화되었지만

이것을 배양토에 깊이 묻지 말아야 한다. 화분의 표면에 보일락말락 묻는 것이 좋다. 배양토는 섞어서 배수가 잘 되도록 한다. 봄부터 장마 직전까지는 양달에서 가꾸고 그 이후는 반그늘에 넣어둔다.

[번식법] 포기나누기, 실생, 줄기꽂이 등. 포기나누기는 3월의 분갈이에서 목질화된 땅속줄기를 칼로 자른다. 줄기꽂이는 6월에 강모래 삽상에 꽂는데 깊이 꽂으면 발근하지 않는다.

[노 트] 꽃의 둘레에 있는 장식화가 특히 많은 품종을 「꽃산수국」이라고 하고 둘레에 있는 꽃이 양성인 것을 「탐라산수국」. 잎이 특히 두꺼운 것을 「떡잎산수국」이라고 하며 모두 제주도에서 자란다.

꽃담배 [가지科]

[개화기] 6~8월.

[분 포] 어두운 응달의 암벽에 자생한다.

[특 성] 홍자색의 꽃을 피운다. 산초계에서 재배하고 있는 것으로는 흰꽃과 연분홍색의 품종도 있다.

[재 배] 접시형의 화분 또는 질화분에 물이끼를 산 모양으로 올려 심는다. 또 돌붙임에도 잘 어울린다. 질이 부드러운 돌에 진흙을 물에 이겨서 뿌리에 발라 붙여서 수반에 세운다.

직사광선에 쏘이면 잎이 타는 경우가

있으므로 반그늘에서 재배한다. 백화형이나 도색형은 비를 피해 주는 것이 좋다.

[번식법] 포기나누기는 3월의 분갈이할 때에 한다. 굳어진 작은 그루이므로 칼날이 얇은 나이프로 잘라 뗀다. 그루가 부스러지기 쉬운 가위 따위는 쓰지 않는 것이 좋다. 또 잎꽂이로도 잘 번식이 된다. 6월에 1매의 잎을 3~5개 조각으로 잘라서 엽맥의 밑쪽을 1cm 안팎의 깊이로 강모래 삽상에 꽂는다.

구름송이풀 [현삼科]

[개화기] 6월

[분 포] 부전고원및 백두산 지역에서 자란다.

[특 성] 그늘의 암벽이나 반석에서 자라지만 잎이나 줄기에 연한 털이 밀생하여서 그 감상이 오동의 꽃을 연상시킨다. 좀담배풀처럼 번식이 잘 되므로 양산되고 있다.

[재 배] 거의 좀담배풀과 같지만 이 종류가 뿌리가 더 많으므로 배양토에 심을 수도 있다. 그럴 때는 산모래를 주체로 부엽토나 피트모스를 조금 혼용하는 것이 좋다.

[노 트] 원예종인 센트포리아도 좀담배풀의 종류로 재배에는 공통점이 많다.

물싸리

단풍털이풀

산오이풀

털쥐손이

선이질풀

큰꿩의 비름

물싸리 [장미科]

[개화기] 6~8월.
[분 포] 북부지방의 고산지대의 바위 곁에서 자란다.
[특 성] 키가 작고 평평한 낙엽관목이지만 성질이 강건하고 꽃도 아름다와서 분재계에서는 예로부터 재배해왔다. 현재 시판되는 것으로는 백화형도 있어서 이것을 「은물싸리」라고 한다.
[재 배] 야생 진달래류(P 112~113)와 같다.
[번식법] 포기나누기로도 되지만 일반적으로는 꺾꽂이나 실생으로 번식시킨다. 꺾꽂이는 6월에 새잎을 2~3매 붙인 순을 만들어 강모래 삽상에 꽂는다. 실생은 씨를 산모래 묘상에 뿌린다.

단풍털이풀 [장미科]

[개화기] 6~7월.
[분 포] 중부 이북의 산지에서 군락을 짓는다.
[특 성] 다년초로서 여름에는 홍색의 꽃을 일제히 피워서 아름답다. 숙근성의 풀로 키는 30~100cm 가까이 자라는 경우도 있다. 줄기는 곧곧이 서서 많은 가지를 치며 잎은 단풍나무잎과 흡사하다. 꽃봉오리는 붉은 작은 구슬과 같으며 가지 끝에 수많은 것이 뭉쳐 버린다.

[재 배] 분재를 하면 풀길이도 낮아지고 근생엽이 땅을 기는 듯해서 귀엽다. 그래서 얕은 화분에 높이 심으면 재미있는 모양으로 가꿀 수 있다. 배양토는 산모래와 부엽토를 주체로 하고 소량의 피트모스를 섞는다. 화분은 여름에도 양달에 놓는다.
[번식법] 포기나누기와 실생으로 하며 매년 3월의 분갈이에서 포기나누기를 하여도 상당한 번식이 된다.
[노 트] 이 꽃은 예로부터 절화로서 많이 이용해오고 있다.

산오이풀 [장미科]

[개화기] 8~9월.
[분 포] 지리산, 설악산, 북부지방의 고산지대에 분포하며 습한 지역에 난다.
[특 성] 땅 속에 굵은 뿌리줄기가 있고 줄기는 곧곧이 자라 30~100cm 정도의 높이가 된다. 긴 꽃자루 끝에 많은 꽃이 이삭 모양으로 뭉쳐 피는데 붉은 빛을 띤 보라색으로 아름답다.
[재 배] 뿌리줄기가 굵고 풀 길이도 80cm나 되므로 오히려 노지재배가 알맞을 것이다. 토질은 그다지 가리지 않으나 볕이나 배수가 잘 되는 경사지가 좋다. 화분은 7치 이상의 분을 쓰고 산모래, 부엽토 등을 섞은 배양토를 쓴다.
[번식법] 뿌리줄기는 굵지만 너무 잘게 절단하면 수년간 성장이 잘 안되는

성우가 있다.
그러므로 3월의 분갈이 때에 자동적으로 포기나누기를 한 것만을 번식시키는 것이 안전하다.

털쥐손이　[쥐손이풀科]

[개화기]　6~8월.
[분　포]　중부지방과 북부지방의 높은 산악지대에 분포하며 양지바른 풀밭 속에 난다.
[특　성]　숙근성의 풀로 키는 40~50cm쯤 자란다. 줄기는 곧곧이 서며 가늘고 길게 자라나는데 몇 개의 홈을 가지고 있다. 다년초로서 자홍색의 꽃이 흔히 잘 볼 수 있는 꽃이다. 이 또래의「선이질풀」등 수많은 종류가 모두 분홍색이기 때문이다.
[재　배]　성질은 강건한 편이지만 여름을 타므로 그루의 퍼짐이 충분치 못할 염려가 있다. 질화분에 산모래에 소량의 부엽토를 섞은 배양토를 써서 배수가 잘 되도록 심어야 한다. 장마가 끝날 무렵부터는 처마 밑 등에 놓고 비를 맞히지 말고 밝은 장소에서 재배한다. 화학 액비를 1주일에 2회씩 주는 것이 좋다.
[번식법]　포기나누기는 3월의 분갈이 때에 한다. 실생은 산모래 묘상에 뿌리지만 씨는 겨울 동안 냉장하였다가 3월에 파종한다.
[노　트]　「삼쥐손이」, 「섬쥐손이」, 「선이질풀」 등의 각종도 같은 요령으로 재배한다.

큰꿩의비름　[돌나물科]

[개화기]　7~9월.
[분　포]　전국에 분포하여 산의 바위 틈이나 모래땅에 난다.
[특　성]　산지에서 자라는 다년초로 각지에서 일반적으로 재배하지만 어떤 지방에는 야외에 귀화한 꿩의비름은 큰꿩의비름처럼 긴 수술을 갖고 있지 않으며 이 고유종은 그다지 지배하지 않고 화기도 늦어서 10월 경이다. 잎을 부스럼약으로 쓴다.
[재　배]　대단히 건조에 강해서 수분 부족으로 줄기나 잎이 시들어도 물을 주면 바로 회복된다.
그러나 뿌리의 과습에는 약하며 응달에서는 생육하기 어렵다. 가급적이면 배수가 잘 되는 가벼운 배양토에 심는 것이 좋다.
[번식법]　포기나누기와 실생 이외에 6~7월 경에 잎이나 줄기를 강모래 삽상에 꽂아도 발근이 잘 된다.
[노　트]　민간에서는 종기나 땀띠가 났을 때 잎을 불에 쪼여 잘 비벼서 환부에 붙인다.

잔대

통발

모싯대

초롱꽃

숫잔대

자주초롱꽃

초롱꽃

통발

[통발科]

[개화기] 8~9월.

[분 포] 전국의 연못이나 논밭에서 자란다.

[특 성] 식충(食虫)식물의 일종으로 괴인 늪에 자생한다. 야생종 여러 가지를 일찍부터 재배하고 있으며 다년초로 취급이 수월하고 겨울에도 내한성이 있어서 재배가 가장 수월하다.

[재 배] 지름 50cm 내외의 사기화분에 물을 채우고 재배한다. 잎은 수중엽(水中葉)과 지중엽(地中葉)으로 나누어져서 지중엽이 뿌리의 역할을 한다. 화분 속에 물만 넣더라도 수중엽으로서 생육하지만 여기에 지중엽이 고정하지 않으면 꽃을 기대하기 어렵다. 배양토는 보드라운 산모래가 좋다. 수심을 20cm 정도로 하고 항상 양달에서 키운다. 가을에 작은 수중엽이 알형으로 집결하여 월동 싹이 되어 식물체의 다른 부문은 모두가 마르기 시작한다. 겨울은 수위가 내려가지 않도록 자주 물을 보충하는 일만으로 굳이 보온할 필요는 없다.

[번식법] 봄에 월동 싹을 물 밑의 흙에 얹어 놓는다. 또 식물체가 생육하는 계절에 이것을 도중에 끊어서 수중의 흙에 꽂으면 번식이 잘 된다.

[노 트] 물에 자라는 식충식물의 재배에는 물의 PH가 문제로서 여기에 영향을 받는 종류도 적지 않으나 통발은 다소 산성을 좋아하는 듯 PH에는 그다지 관계하지 않는다.

잔대

[초롱꽃科]

[개화기] 7~8월.

[분 포] 산야에서 흔히 자란다.

[특 성] 아고산 지대의 양달에서 자라지만 줄기 높이 30cm 정도의 소형이므로 일찌기 재배하여왔다. 다년초는 뿌리가 굵으며 전체에 털이 있다.

[재 배] 산모래에 30% 정도의 부엽토를 섞어서 질화분에 심는다. 봄부터 장마까지는 충분히 볕을 쬐고 일주일에 2회 정도 화학 액비를 준다. 장마가 끝날 무렵부터는 비를 가리고 처마 밑에서 재배하면 꽃이 필 무렵부터 줄기 밑의 잎이 말라 떨어지는 일이 적게 된다.

[번식법] 수년간 재배하여 굵어진 뿌리줄기는 섞기 쉬우므로 3월에 분갈이할 때에 칼로 뿌리줄기를 2~3그루로 쪼개서 번식시킨다.

눈의 위치를 확인하면서 자를 부위를 정한다.

[노 트] 닮은 종류에 「두메잔대」가 있지만 이것은 암술대가 꽃에서 돌출하여 꽃받침잎의 가장자리에 잔대처럼 톱니가 없다. 연한 부분과 뿌리를 생으로 먹으며 뿌리를 해독 및 거담제로도 사용한다.

영아자 [초롱꽃科]

[개화기] 7~8월.

[분 포] 전국의 산지 특히 양지바른 풀밭에서 난다.

[특 성] 산골짜기 낮은 지대의 반그늘에서 흔히 자라는 다년초로서 초롱꽃과에서는 꽃잎이 잘게 갈라져서 젖혀지는 것이 희귀하다.

[재 배] 잔대와 같다. 땅속줄기를 가급적 얕게 심을 것과 여름에 비를 맞히지 말 것과 줄기 밑의 잎을 말리지 않는 것이 포인트이다.

[번식법] 잔대와 같으나 영아자는 씨를 쉽게 받을 수 있으므로 실생으로 번식시킨다. 씨는 냇모래 묘상에 뿌린다.

[노 트] 원래 잔대 종속의 뿌리줄기를 약용할 때의 약명이 사삼(沙蔘)이다. 영아자속에 드는 영아자와 잔대는 혼동할 수 없다. 연한 잎을 나물로 먹는다.

숫잔대 [숫잔대科]

[개화기] 7~8월.

[분 포] 전국의 각지에 분포하며 산간 습지에 난다.

[특 성] 수염가래꽃과 일가가 되는 다년초로 「잔대아재비」 또는 「건들도라지」라고도 한다. 강건하여 가꾸기 수월하다.

[재 배] 산모래와 부엽토를 섞은 배양토로 질화분에 심고 이 화분을 물에 담구어서 재배한다. 그러나 아침, 저녁 충분히 관수를 할 수 있다면 물에 담구지 않아도 된다. 화분은 양달에서 재배한다.

[번식법] 포기나누기는 3월에 분갈이할 때에 한다. 또는 6월에 줄기의 선단을 5~7cm의 길이로 잘라서 물이끼 삽상 또는 냇모래 삽상에 꽂는다. 실생도 채취하여 뿌린다.

자주초롱꽃 [초롱꽃科]

[개화기] 6~8월.

[분 포] 제주도와 울릉도를 제외한 전국에 분포.

[특 성] 볕이 잘 드는 초원에 피는 초롱꽃과 닮았지만 꽃받침의 밑둥이 뒤로 젖혀지지 않고 혹처럼 되어 있으므로 구별된다. 꽃 색깔은 일반적으로 초롱꽃보다 자색이 짙다. 일찍기 재배해온 것은 해안형인 섬초롱꽃의 한 품종으로 키가 낮고 꽃은 거의 순백으로 잎은 짙은 녹색으로 강한 광택이 있다.

[번식법] 포기나누기와 실생에 의한다. 섬초롱꽃의 좋은 계통은 포기나누기로 보존하는 것이 좋다.

서양톱풀

좀개미취

눈개쑥부쟁이

민솜방망이

버들금불초

서양톱풀 [국화科]

[개화기] 6~9월.

[분 포] 전국적인 분포를 보이며 산야의 양지바른 풀밭에서 자란다.

[특 성] 고산이나 북쪽 해안의 바위산에서 자라는 다년초로서 쑥 종속의 일종인데 재배하면 길이가 15cm 정도로 잘게 갈라져서 실같은 가느다란 잎이 흰 털에 싸여서 은빛으로 보여서 여름의 더위를 식혀준다. 산초계와 분재계에서는 예로부터 잎을 즐기는 목적으로 재배해왔다.

[재 배] 여름을 타므로 배양토는 산모래에 30% 정도의 부엽토를 섞어주고 완전히 먼지를 빼고 심는다. 또 화분의 표면은 배양토 대신에 지름 5mm 정도의 가벼운 자갈로 2cm 정도 덮는다. 여름에도 양달에서 재배하고 매년 3월에 분갈이를 하며 이때에 그루를 쪼개서 그루 사이를 떼주지 않으면 역시 여름을 더 타게 된다. 그러므로 작년의 묵은 줄기가 숲처럼 나와 있으면 화분의 표면 1cm 정도에서 위쪽을 잘라버린다.

[번식법] 포기나누기와 줄기꽂이. 줄기꽂이는 6월에 전년의 묵은 줄기를 5cm 정도 붙여서 냇모래 삽상에 꽂는다. 묵은 줄기가 없으면 줄기 밑둥이 썩는 경우가 생기게 된다.

[노 트] 시판되는 것으로는 여러 가지 계통이 있는데 풀의 길이나 잎이 가급적이면 작은 것이 좋은 종류이다.

민솜방망이 [국화科]

[개화기] 7~9월.

[분 포] 중부와 북부지방 산지의 양지바른 풀밭에서 난다.

[특 성] 산지의 초원에 피는 다년초로 볕이 잘 드는 곳, 더우기 땅이 적당한 습도가 있는 곳을 좋아 한다. 꽃은 어두운 오렌지색이 은은하여 꽃잎이 훨씬 밑으로 젖혀지는 것도 기이하게 보인다.

[재 배] 어린 그루에 꽃을 피우면 꽃이 진 후에 고사할 염려가 있으므로 꽃줄기가 신장하게 되면 밑둥에서 잘라버려 1년은 꽃을 피우지 말고 땅속줄기의 그루가 갈라지기를 기대한다. 배양토는 산모래에 소량의 부엽토를 섞어서 양달에서 재배한다. 아침, 저녁으로 충분히 관수를 한다.

[번식법] 주로 포기나누기로 한다.

[노 트] 고산성의 종류로 풀 길이 20cm 정도의 「산솜방망이」가 있다. 최근 이 종류의 제주도산이 양산되고 있다.

좀개미취 [국화科]

[개화기] 8~10월.

[분 포] 오대산 이북의 산골짜기 냇가 근처에서 자란다.

[특 성] 개미취나 까실쑥부쟁이가 속하는 개미취 종속의 일종인데 그 중에서 풀 길이가 45~85cm로 가장 낮고 또 여름에 피기 시작하므로 최근에는 양산되어서 보급되고 있다. 자생지는 초원이나 자갈밭.

[재 배] 시판하는 개화중인 화분을 사들이는 경우가 많은데 구입하게 되면 화분에서 그루를 뽑아서 한 치 큰 질화분에 옮겨 심고 양달에서 가을까지 재배한다. 이듬해 봄의 3월에 그루를 나눠서 분갈이를 하는데 배양토는 민솜방망이와 같다.

[번식법] 포기나누기로 잘 번식이 되지만 그 외에 줄기꽂이와 실생으로도 할 수가 있다. 줄기꽂이는 새로 성장한 줄기가 경화하기 시작하는 5월 말에서 6월 사이가 적기이다.

눈개쑥부쟁이 [국화科]

[개화기] 6~7월.
[분 포] 한라산(표고 1200~1500 m 근처)에서 자란다.
[특 성] 높이도 낮아서 겨우 5cm 정도이다. 시판품으로는 높이가 높은 것과 낮은 것, 잎자루나 줄기가 자갈색으로 물드는 것과 녹색인 것 등의 몇 가지의 계통이 있다.
[재 배] 자생지에서는 다습하고 양달진 바위 위 등에서 자라지만 재배에 있어서는 다소 건조한 듯한 것이 좋다.

배양토는 산모래에 부엽토를 섞어서 배수가 잘 되도록 하고 반드시 양달에서 재배한다.

[번식법] 그루가 잘 퍼지므로 3월에 분갈이할 때에 포기나누기를 한다. 수년간 다수의 그루를 모아심기할 때까지 한다. 실생도 가능하다.

버들금불초 [국화科]

[개화기] 6~8월.
[분 포] 전국 각지에 분포하며 들판의 풀밭이나 논두렁 등에서 난다.
[특 성] 다년초로서 높이 60~80cm이며 털이 있고 윗부분에서 가지가 갈라진다. 잎은 호생하여 중앙부의 잎은 피침형이고 끝이 뾰족하며 밑부분이 원줄기를 약간 감싸고 길이 5~8cm이다. 여름부터 가을에 걸쳐 산뜻한 노랑꽃이 줄기 끝에 서너 송이 피어난다. 비슷한 종류로서 「가는금불초」, 「금불초」가 있다.
[재 배] 민솜방망이와 같다. 가급적이면 배수가 잘 되도록 하는 것은 다른 국화科와 같으며 아침, 저녁으로 물은 특히 듬뿍 주는 것이 좋다. 뿌리목의 줄기잎이 마르기 쉬운 것은 이 품종의 특성인 듯하다.
[번식법] 민솜방망이와 같으나 실생도 가능하다.

왕원추리

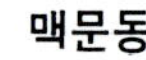

맥문동

참나리

날개하늘나리

맥문동 [백합科]

[개화기] 8월.

[분 포] 남부지방에서 중부지방까지, 주로 제주도와 울릉도에 분포한다.

[특 성] 주로 산지의 음습한 곳에 나는데 남부지방에서는 한약재로 쓰기 위해 밭에서 가꾸고 있다. 높이 40cm 정도로 자라며 짙은 녹색 잎 사이로 꽃자루를 길게 신장시키는 난초와 비슷한 잎을 가진 다년초이다. 꽃은 이삭 모양으로 보라빛이다. 꽃이 아름답기도 하지만 가을에는 짙은 남색 열매를 맺으므로 오래도록 즐길 수가 있다. 겨울에도 잎이 초록으로 남아 있다.

[재 배] 어떤 배양토에서도 잘 자라며 반그늘에서 가꾸는 것이 좋다. 물주기도 보통으로 하면 된다.

[번식법] 포기나누기로 증식시킬 수 있는데 한여름과 겨울을 제외하고는 어느 때라도 가능하다.

[노 트] 덩이뿌리는 소화 및 강장, 강심제로도 사용한다.

날개하늘나리 [백합科]

[개화기] 7~8월.

[분 포] 북부지방의 고산지대에 분포한다.

[특 성] 꽃잎이 밑동까지 갈라져 그 사이가 갈라져 있기 때문에 날개하늘나리라는 이름이 붙었다. 땅 속에는 먹을 수 있는 구근이 묻혀 있고 이로부터 하나의 줄기가 자라나 높이 30~50cm 정도가 된다. 줄기 아래쪽에는 보랏빛 반점이 있고 위쪽에는 흰 솜털이 나 있다. 줄기 끝에 주황색 꽃이 1~3 송이 피고 지름은 10cm 안팎이다. 꽃잎에는 약간의 보랏빛 반점이 있다.

[재 배] 물빠짐이 좋은 흙을 써야하며 알카리성이면 잘 자란다. 작은 분에 구근 높이의 2~3배 정도의 깊이로 심는다. 월 1회 정도로 깻묵가루를 주고 물은 보통으로 준다. 햇빛을 좋아하므로 하루종일 햇빛을 받을 수 있도록 한다.

[번식법] 3년에 한 번은 분갈이를 해야하며 증식은 구근을 형성하고 있는 비늘잎을 파서 모래에 반 정도의 깊이로 꽂는다.

[노 트] 비늘줄기는 먹을 수 있다.

왕원추리 [백합科]

[개화기] 7~8월.

[분 포] 중부 이남의 지역과 제주도에 분포하여 산지의 양지바른 풀밭에 난다.

[특 성] 숙근성의 풀로서 잎의 길이 60cm 안팎이고 꽃자루는 1m 가까이 자란다. 꽃이 겹으로 피는 것을 겹원추리라고 한다. 잎은 두 줄로 겹쳐 나며 산뜻한 초록빛으로 끝이 아래를 향해

처진다. 꽃은 주황색이고 지름은 10cm 쯤 된다. 안쪽에 많은 꽃잎은 수술이 변한 것이다. 하루살이 꽃으로 매일 새로운 꽃이 피기 때문에 유럽에서는 Day Lily라고 한다.

[재　배] 양지바른 뜰에 심으면 잘 자라고 여름이 되면 많은 꽃이 피어날 뿐만 아니라 포기가 크게 늘어난다. 분에서 가꿀 때는 부엽토를 많이 섞은 산모래로 물빠짐이 좋은 흙을 쓴다. 물은 보통으로 주고 햇빛을 충분히 쬔다.

[번식법] 포기나누기로 하며 늦가을에 실시한다. 두세 눈을 단위로 해서 쪼갠다.

[노　트] 어린 순은 나물로 먹으며 꽃도 말려서 먹는다고 한다. 뿌리는 이뇨, 지혈, 소담제로 사용한다.

참나리 [백합科]

[개화기] 7~8월.

[분　포] 전국적으로 분포하며 산과 들의 양지바른 풀밭에 난다.

[특　성] 땅 속에 굵은 구근이 묻혀 해마다 긴 줄기가 자라나 꽃을 피운다. 구근은 살찐 비늘잎이 겹쳐 이루어지므로 이것을 인경(비늘줄기)이라 한다. 줄기는 1.5m 높이로 자라며 보랏빛을 띤 갈색 반점이 난다. 잎은 피침꼴로 줄기의 밑동에서 꼭대기까지 치밀하게 배열된다. 꽃은 주황색인데 꽃잎에 많은 검은 점이 생긴다. 꽃의 크기는 10cm 정도로 한 포기에 열 송이 정도 핀다.

[재　배] 산모래에 알카리성 흙을 섞어 주면 잘 자란다. 깊이 심지 말아야 하며 구근 높이의 2~3배 정도의 깊이로 심어 월 1회 깻묵가루를 분토 위에 놓아준다. 물은 보통으로 주고 생육기간중 항상 햇빛이 비치는 곳에 둔다. 더위에 강해 여름에도 생육에는 아무런 지장이 생기지 않는다.

[번식법] 포기나누기는 할 수 없으므로 잎겨드랑이에 생겨나는 주아(珠芽)를 모아 흙에 묻어 가꾸어 나간다.

[노　트] 비늘줄기를 식용하며 영양강장제로도 사용하고 민간에서는 진해제로 사용한다.

한라부추

무릇

석산

개상사화

백양꽃

큰백양꽃

한라부추 [백합科]

[개화기] 8~9월.

[분 포] 한라산, 지리산 및 가야산의 능선을 따라 바위 틈에서 자란다.

[특 성] 고산식물이지만 성질이 강건하고 높이가 20cm 정도로 낮아서 귀여워 보인다. 꽃이 늦가을까지 피는 것도 인기를 더해 널리 보급되어 있다. 백화형도 시판되고 있다.

[재 배] 용토는 산모래에 소량의 피트모스 또는 부엽토를 섞은 것. 그다지 산성이 강하지 않은 배양토나 비료를 선택한다. 그러므로 비료는 화학비료만 쓰는 것이 좋다. 비늘줄기는 깊이 심지 말고 그 등(꼭대기)이 보일락말락 할 정도로 얕게 심는 것이 좋다. 화분은 여름에도 양달에 놓는다. 가을에 피는 종류로 소형의 식물은 일반적으로 봄에 분갈이를 하는 것이 많은데 이 종류의 각종은 봄에 뿌리에 상처를 내면 그 해에는 가을까지 생육이 되지 않을 염려가 있으므로 분갈이는 꽃이 진 직후에 하는 것이 바람직하다.

[번식법] 포기나누기로 잘 번식이 된다. 실생도 가능하여서 산모래 묘상에 뿌린다.

무릇 [백합科]

[개화기] 7~9월.

[분 포] 전국 각지의 풀밭이나 밭가 등에 흔히 난다.

[특 성] 들의 건조한 노지에서 피는 다년초. 밝은 핑크의 꽃 이삭은 잡초라고 하기에는 아까울 정도로 아름답다. 무릇난초라고도 불리는 이 꽃은 구근식물로서 땅 속에 계란과 같은 생김새의 인경이 있다.

[재 배] 산모래에 30% 정도의 부엽토를 섞은 흙을 쓴다. 햇빛이 잘 쪼이는 자리에서 가꾸어야 하며 물은 과습 상태에 빠지지 않도록 한다.

[노 트] 어떤 지방에서는 「왕무릇」을 볼 수가 있는데 이것은 그 이름같이 대형으로 잎의 폭도 1~2cm로 넓다. 이에 대하여 무릇의 잎의 폭은 5mm 정도이다. 재배의 요령은 무릇과 같다. 또 백색의 꽃이 피는 것은「흰무릇」이라고 한다. 비늘줄기와 어린 잎을 쪄서 먹든지 오랫동안 졸여서 먹는다. 수원 근처에서 자라며 뿌리는 구충제로 약용한다.

개상사화 [수선화科]

[개화기] 8~9월.

[분 포] 남쪽섬에서 자란다.

[특 성] 인경은 넓은 계란형이고 지름이 5~6cm로서 흑갈색이다. 선황색의 꽃은 멀리서 보아도 눈에 뜨인다.

[재 배] 볕이 잘 드는 노지에도 재배가 가능하지만 추운 지방에서는 비늘

줄기(인경)가 추위를 타는지 그다지 퍼지지 않는다. 오히려 분재로 겨울은 화분을 방안하는 것이 좋다. 질화분에 배양토는 산모래와 부엽토를 주체로 소량의 피트모스를 섞어서 심는다. 비늘줄기(인경)는 깊이 심지 말고 윗부분이 지표에서 들여다 보일 정도로 심는 것이 이상적이다.

[번식법] 잎은 꽃이 지자 바로 신장하여 이듬해 여름까지 무성하다가 마른다. 그래서 꽃이 진 직후에 분갈이를 하며 분구하여 포기나누기를 한다. 씨는 흑색으로 크다. 이것은 산모래 묘상에 뿌리지만 겨울 동안에 너무 얼지 않도록 한다

석산(꽃무릇) [수선화科]

[개화기] 9~10월.
[분 포] 한국, 일본, 중국.
[특 성] 가을의 추분 전후에 꽃을 피우며 절에서 흔히 심고 때로는 민간에서도 심는 다년초로 일본에서 들어왔다. 따라서 산야에서는 그다지 볼 수가 없다. 대단히 호화스러운 꽃이므로 볕이 잘 드는 정원에 노지재배를 한다.
[재 배] 토질은 그다지 가리지 않으나 노지에서 잘 번식하는 것은 경사지인 경우이다. 분재에서는 개상사화와 같은 요령이며 석산은 그것보다 내한성이 강하다.
[번식법] 잎은 3~4월에 마르므로 그

때에 분갈이하며 포기나누기를 한다.
[노 트] 열매를 맺지 못하는 것은 3배체 때문이며 이것은 자구(子球)를 키울 목적으로서 아주 신기한 조화이다. 극히 드물게 익는 씨가 있어도 발아하지는 못한다. 예로부터 비늘줄기를 거담 및 구토제로 약용하며 알칼로이드 독성을 제거하면 양질의 녹말이 얻어져서 식용한다.

백양꽃(개꽃무릇) [수선화科]

[개화기] 8~9월
[분 포] 정원에 가꾸고 있다. 또 백양산에서도 자라는 다년초.
[특 성] 석산에 비하여 야취가 깊다. 그런데도 석산의 세력에 밀리는 감이 있다.
[재 배] 석산과 같다.
[번식법] 이 종류의 꽃도 여름에 잎이 마른 후에야 피므로 포기나누기는 꽃이 진 직후가 적기인 것이다. 실생으로서도 번식이 된다.
[노 트] 구근에는 리코린이라고 하는 알칼로이드가 있어서 구토작용을 일으키기 때문에 유독식물로 취급한다. 독을 제거하면 비늘줄기(인경)는 식용으로 한다.

이삭여뀌   여뀌

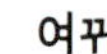

개여뀌

애기개여뀌

자리공科

이삭여뀌 [마디풀科]

[개화기] 7~8월.

[분 포] 전국에 분포하며 야산지대의 낙엽수림 속이나 풀밭에서 난다.

[특 성] 산 속의 냇가, 숲 가장자리 등의 다소 어두운 곳을 좋아하는 다년초로 풍정이 부드러워서 많이 재배되며 높이 50~80cm이고 마디가 굵으며 전체에 긴 털이 있다.

잎의 표면에는 흔히 흑색 반점이 있다. 긴 가지에 작은 꽃이 드물게 피는데 네 개의 붉은 꽃받침이 꽃잎처럼 보인다. 다른 여뀌에 비하여 꽃이삭이 두드러지게 길어서 이삭여뀌라 불린다.

[재 배] 반그늘의 노지재배가 강건하게 잘 번식이 된다. 분재는 산모래에 부엽토를 섞어서 심는다. 6월이후에는 반그늘에서 재배한다.

[번식법] 포기나누기, 실생, 꺾꽂이. 분갈이는 3월에 하며 동시에 포기나누기도 한다. 꺾꽂이는 6월에 줄기의 윗머리를 5cm 정도로 잘라서 냇모래 삽상에 꽂는데 줄기의 중간이라도 잎을 1개 정도 붙여서 꽂으면 잘 발근하게 된다.

[노 트] 잎에 털이 적고 맥이 들어가지 않으며 끝이 뾰족한 것을 「새이삭여뀌」라고 하며 전체를 약용으로 하고 어린 잎은 나물로 하며 독특한 풍미가 있어 구미를 돋군다. 둥근 괴근은 강정,

강장, 완화제로 약용한다.

꽃여뀌 [마디풀科]

[개화기] 6~7월.

[분 포] 전국에 분포한다.

[특 성] 양달의 물 주변이나 수채통 같은 습기가 많은 곳에서 자라는 다년초. 암수가 다른 그루. 높이 50~70cm, 꽃이 크고 담자색으로 마디풀로서는 가장 아름다운 종류이다.

[재 배] 분재로서는 부엽토나 산모래를 주체로 여기에 피트모스 등을 섞어서 보수성이 있는 배양토로 심는다. 화분은 여름에도 양달에서 재배하지만 일부러 물에 담궈 둘 필요는 없다.

[노 트] 닮은 종류에 「흰꽃여뀌」가 있다. 습지에서 자라며 암, 수 다른 그루인 것 등 꽃여뀌를 닮은 점이 많다. 재배요령도 같다.

개여뀌 [마디풀科]

[개화기] 6~9월.

[분 포] 전국에서 흔히 자란다.

[특 성] 산초계에서는 잎이 암록색으로 주름이 깊고 자태도 깜찍한 품종인 「애기여뀌」와 더 한층 소형화되어서 줄기 높이 5cm의 「난장이여뀌」의 2종이 예로부터 재배되어왔다.

[재 배] 1년초이므로 매년 씨를 받을 필요가 있다. 봄에 발아한 모는 5월

과 7월, 2회에 걸쳐서 옮겨심기를 한다.
7월의 옮겨심기가 정식이 된다.
씨는 산모래 묘상에 뿌리며 정식의 배
양토는 산모래에 피트모스를 ⅓ 정도
섞어서 쓴다. 여름에도 양달에서 배양
한다.
[번식법] 가을에 꽃이 피었을 때에 손
을 대면 검고 작으며 광택이 있는 씨를
받을 수 있다. 이것을 냇모래 묘상에
뿌린다.

여뀌 [마디풀科]

[개화기] 6~9월.
[분 포] 전국적으로 분포한다.
[특 성] 꽃여뀌처럼 습지 또는 냇가
에서 자라는 1년초. 꽃받침에 투명한
선점이 있고 꽃은 희끄무레한 것이 많
다. 잎을 씹으면 맵고 예로부터 식용으
로 재배해왔다. 원예적인 품종이기도
하지만 가정용으로는 기본형인 이 여
뀌를 재배하는 데가 많다.
[재 배] 꽃여뀌와 같아도 좋지만 잎
을 식용으로 하려면 화분을 물에 담궈
서 재배한다. 수반에 물을 채우고 그
속에 화분을 넣든가, 정원의 못 속에
화분의 허리가 물에 잠길 정도로 담궈
도 좋다. 화분은 반드시 양달에 놓는다.
[번식법] 개여뀌와 같다. 일년초이므
로 매년 종자를 뿌린다. 잎이 가늘고
수과의 길이가 1.5㎜에 달하는 것을 「
가는여뀌」라고 한다. 일본 사람들은 어

린 순을 식용으로 한다.

자리공 [자리공科]

[개화기] 5~8월.
[분 포] 인가 근처나 숲 주변의 양달
에서 자란다.
[특 성] 다년초로서 중국이 원산지
인 종류로 정원에서 다시 야생화했다
는 설도 있다. 꽃은 이른 여름부터 핀
다. 진흑색으로 익은 액과(液果)가 있
으며 흑색 종자가 1개씩 들어있다. 1 m
나 되므로 주로 노지재배를 한다. 반그
늘에 경사지를 만들어 파 올린 흙과 같
은 양의 부엽토를 섞어서 심는다.
[번식법] 굵은 뿌리가 있으므로 격년
정도로 파 올려서 분갈이를 하여 이 뿌
리를 잘라서 포기나누기를 한다. 실생
도 번식이 잘 되며 씨를 산모래 묘상에
뿌린다.
[노 트] 산간에 자생하는 「둥근자리
공」은 꽃이 홍색이므로 꽃이 흰 자리
공과는 멀리서도 분별할 수가 있다. 또
북미 원산인 「미국자리공」도 보통 재
배하는데 최근에는 시가지 주변에 잡
초화되고 있다. 이 종류는 유독식물이
지만 잎을 데쳐서 먹기도 하고 뿌리를
이뇨제로 약용한다.

나물승마   개승마

투구꽃   투구꽃의 군락

병조희풀

대상화 (위는 백화형)

나물승마 [미나리아재비科]

[개화기] 8~10월.

[분 포] 제주도의 산지에 난다. 나무 그늘이나 습기가 풍부하고 양지바른 풀밭에서 볼 수 있다.

[특 성] 어린 잎을 데쳐서 물에 담근 다음 나물로 식용하기 때문에 붙여진 이름이다. 제주도에서만 나기 때문에 섬승마라고도 부른다.

높이가 1.5 m에 이르며 2~3회 세 갈래로 갈라져 피므로 흰 꽃이면서도 대형으로 호화스럽다.

다음의 「개승마」는 산 기슭에 피며 이 꽃은 산 중턱에 피므로 서로 구분되는 것을 볼 수가 있다.

[재 배] 노지재배는 반그늘에 부엽토를 많이 넣어서 흙이 굳어지지 않도록 주의를 한다. 화분은 7치 이상의 통통한 분을 쓰고 산모래를 주체로 여기에 부엽토 또는 피트모스를 섞어서 심는다. 봄부터 장마까지는 양달, 7월 이후는 반그늘에서 키운다. 비료를 좋아하므로 깻묵가루를 매월 분흙 위에 서너 군데에 놓아 준다.

[번식법] 뿌리줄기가 옆으로 잘 신장해 있으므로 3월의 분갈이에서 그 일부를 잘라서 번식시킨다. 씨도 잘 여물기 때문에 산모래 묘상에 뿌린다.

[노 트] 어린 잎과 줄기는 물에 담구어 두었다. 나물로 먹는다.

개승마 [미나리아재비科]

[개화기] 7~8월.

[분 포] 제주도와 거제도의 숲 속에서 자란다.

[특 성] 다년초. 나물승마를 닮았지만 그보다는 오랜 종류로 원시적인 형태가 쓸쓸한 감을 준다. 꽃도 촘촘히 되지 않고 꽃대도 옆으로 기울지 않고 곧게 서서 핀다.

[재 배] 재배, 번식법 모두 나물승마와 같다. 노지재배를 하면 스스로 씨가 떨어져서 번식이 잘 된다.

[노 트] 개승마라는 이름을 나물승마처럼 나물을 먹지 못하기 때문에 지어진 이름이다.

투구꽃 [미나리아재비科]

[개화기] 9~10월.

[분 포] 깊은 산 속에서 자라는 다년초로서 주로 속리산 이북에 분포한다.

[특 성] 높이가 1.2 m나 되는 큰 숙근성의 풀이다. 줄기는 곧곧이 서며 잎은 손바닥 모양으로 다섯 갈래로 갈라지고 마디마디 서로 어긋나게 난다. 잎 가장자리에는 거친 톱니가 나 있다. 줄기 끝에 여러 송이의 꽃이 뭉쳐 피는데 꽃이 투구처럼 생겼기 때문에 투구꽃이라고 한다.

[재 배] 질화분에 산모래, 부엽토,

피트모스 등을 같은 양으로 섞은 배양토로 심고 봄부터 장마가 시작 될 때까지 양달, 그 이후에는 비를 피하고 밝은 처마 밑에서 키운다. 여름에 비를 맞히면 줄기 밑둥의 잎이 마르기 쉽다.

[번식법] 격년의 3월에 분갈이를 하며 땅 속의 괴근은 많이 번식되지 않는다. 그러므로 포기나누기로 번식시키려고 하지 말고 실생을 하는 것이 효과적이다. 씨는 산모래 묘상에 뿌린다.

[노 트] 이 종류는 유독식물이므로 듣기만 해도 겁을 내는 사람들이 있으나 먹지만 않으면 괜찮다. 예로부터 원예종으로 재배해오는 이외에 약용으로서 현재에도 대량의 뿌리가 수출입하고 있어서 실제로 낯익은 식물이다.

병조희풀 [미나리아재비科]

[개화기] 8~9월.

[분 포] 숲 속 또는 가장자리에서 자란다.

[특 성] 높이가 1m에 달하고 낙엽반관목이다. 꽃은 담자색으로 작고 가늘며 줄기의 밑둥은 목질화가 된다. 분재를 하면 풍취가 있으므로 잘 만들 수가 있다. 잎은 목단과 비슷하다.

[재 배] 노성한 그루에 비교적 꽃이 잘 피므로 노지 또는 분재로 수년간 그루를 무성하게 하여 그후 3월에 파 올리고 뿌리의 긴 부분을 잘라내면서 화분에 심는다. 배양토는 산모래를 주체

로 부엽토를 조금 섞어서 보수성을 높인다. 화분은 양달에서 재배한다.

[번식법] 포기나누기 외에 줄기꽂이도 된다. 6월에 삽수의 밑둥에 작년의 줄기를 조금 붙인 상태로 냇모래 삽상에 꽂는다.

[노 트] 동속인 「자주조희풀」은 남청색의 꽃을 피운다. 이 두 가지는 뿌리를 약용으로 한다.

대상화 [미나리아재비科]

[개화기] 9~10월.

[분 포] 전국적으로 분포한다.

[특 성] 중국이 원산인 다년초로서 관상용으로 심고 있으며 중국에서 자생하는 것은 홑꽃잎이지만 일본에서처럼 겹꽃잎으로 변종된 것은 희귀하다.

[재 배] 나물승마와 같다.

[번식법] 재래 품종은 종자가 여물지 않는 것이 많으므로 3월의 분갈이에서 포기나누기를 한다. 그러나 분갈이를 그다지 좋아하지 않으므로 2~3년 간격으로 하는 것이 좋다.

[노 트] 최근 시판되는 것 중에 순백화형과 담자색화형은 잡종 기원이므로 역시 씨는 채취할 수 없다. 다소 어두운 홍색인 것만이 중국산의 원종으로 이것은 실생으로 번식이 된다.

산용담

방울꽃

화태방울꽃

물매화

바위떡풀 (아래, 핑크)

산용담 [용담科]

[개화기] 8~9월.

[분 포] 백두산 지역에서 자란다.

[특 성] 다년초로서 높이 10~25㎝이고 뿌리줄기가 짧으며 마디 사이도 짧고 털이 없으며 밑부분에서 새순이 나와 몇 개의 근생엽이 달린다. 근생엽은 선꼴 도피침형 또는 넓은 선형이며 끝이 둔하고 길이 8~15㎝, 나비 5~10㎜로서 밑부분이 좁아지면서 얼싸안으며 자란다. 꽃은 연한 황백색 바탕에 청록색 점이 있고 종자는 그물 같은 무늬와 3~4개의 좁은 날개가 있다.

[재 배] 굵은 모래를 아래에 깔고 산모래에 30% 정도의 이끼를 섞어서 심는다. 물은 매일 아침 흠뻑 주고 햇빛이 충분히 쬐는 자리에서 키운다.

[번식법] 이른봄 분갈이할 때에 흙을 모두 갈아주면서 포기나누기를 겸한다.

[노 트] 뿌리선충의 피해를 입기 쉬우므로 소독한 흙을 쓰는 한편 뿌리에 붙어 있는 혹을 잘라버리고 심어주어야 한다. 흙은 철판 위에 놓고 가열하면 소독이 된다.

방울꽃 [돌나물科]

[개화기] 10~11월.

[분 포] 일본의 특산. 우리나라에는 이전에 도입되어 국내 도처에서 볼 수 가 있다. 역시 구미에도 많이 보급되어 여러 곳에서 자생한다.

[특 성] 다육식물의 하나로 숙근성이다. 둥글고 부채꼴의 작은 잎이 줄기의 마디마다 석 장씩 둥글게 배열된다. 가지는 늘어지고 가을에 연분홍의 작은 꽃이 뭉쳐 핀다. 꽃의 생김새가 방울 같아서 방울꽃이다.

[재 배] 접시분에 부엽토, 산모래, 피트모스 등을 같은 양으로 섞은 것을 높이 올려서 심어 양달에서 재배한다. 건조에는 강하지만 과습에는 뿌리가 썩는다.

[번식법] 3월에 분갈이를 할 때에 포기나누기를 하는 것 외에 6월에 줄기 끝을 잘라서 위쪽의 잎을 3매 정도 붙여서 냇모래 삽상에 꽂는다. 삽상도 양달에 놓는 것이 발근이 잘 된다. 실생도 가능하다.

[노 트] 닮은 종류의 「북해도방울꽃」이나 「화태방울꽃」도 재배되고 있다. 이 2종은 방울꽃보다 꽃 피는 시기가 빠를 뿐만 아니라 조심할 것은 여름의 과습에는 더 마르기 쉽다는 점이다. 접시분에 높이심기를 하든가 질화분에 자갈을 많이 섞어서 심든가 어쨌든 화분에 물이 고여 있지 않도록 해야 한다.

물매화 [범의귀科]

[개화기] 7~8월.

[분 포] 전국에 분포하며 산지의 양

지바른 곳에 형성되는 풀밭 속에 난다.

[특 성] 꽃의 생김새가 매화를 닮아서 물매화이다. 숙근성의 다년초로 높이 10~20cm 정도로 심장꼴의 잎이 뿌리로부터 직접 나와 더부룩한 가운데서 꽃대가 길게 나와서 꽃을 피운다. 그러나 이 꽃은 재배하면 잎이 개화기까지 남아나지 못하는 경우가 많다. 이것을 방지하자면 상당한 숙련을 요하게 된다.

이 보다 재배하기 수월한 한라산에서 나는 「애기물매화」가 시판품으로 인기가 있는 듯하다. 높이 5cm 정도로 잎은 두텁고 광택이 있으며 짙은 녹색으로 왜소하면서 관상 가치가 높은 종류이다.

[재 배] 물이 잘 빠지면서도 물기를 잘 지닐 수 있는 상태로 심는 것이 좋다. 물이끼 단용으로도 좋다. 배양토를 쓴다면 부엽토, 산모래, 피트모스의 먼지 가루를 빼고 심는 것이 좋다. 뿌리는 가급적 얕게 심고 봄부터 7월까지는 양달에서 여름에는 그늘에서 키운다.

[번식법] 가을에 포기나누기를 하면 짧은 뿌리가 서리를 맞아 떠올라서 그루가 뒹구는 경우가 많다. 그래서 3월에 분갈이를 하여 포기나누기를 한다. 실생은 가을에 채종한 것을 이듬해 이른봄에 물이끼 묘상에 뿌린다.

바위떡풀   [범의귀科]

[개화기] 8~12월.

[분 포] 전국 각처의 습한 응달의 바위 겉이나 암벽에 착생한다.

[특 성] 다년초로서 짧고 굵은 뿌리에서 나는 근생엽은 심장 또는 신장형이다. 재배하고 있는 것들은 기본형 외에 봄에서 초여름까지 피는 것, 늦가을에서 겨울에 피는 것, 소형종인 것 등이 있다. 꽃은 백색이 기본형이지만 짙은 홍색형도 보급하기 시작하고 있다.

[재 배] 물매화와 같으나 돌붙임에도 어울린다. 돌붙임을 할 때에는 물에 이긴 진흙으로 뿌리를 돌에 발라 붙이듯이 심는다.

[번식법] 포기나누기, 실생은 물매화와 같다. 또 잎꽂이도 된다. 6월에 잎 1매를 1cm 정도의 길이로 자루를 붙여서 냇모래 삽상에 꽂는다.

[노 트] 어린 순을 식용으로 한다.

오이풀

좀싸리

물봉선

노랑물봉선

삼잎방망이

시호

오이풀 [장미科]

[개화기] 7~9월.

[분 포] 전국의 산야에 분포하며 습한 곳에 주로 난다.

[특 성] 다년초로서 높이 30~150㎝이고 꽃은 검붉은 빛으로 아름답다. 비슷한 종류로는 「긴오이풀」, 「산오이풀」, 흰 꽃이 피는 「가는오이풀」 등이 있으며 오래 전부터 분재로도 가꾸어져왔다.

[재 배] 노지재배는 다소 습기가 있는 장소를 좋아하지만 흙이 굳어지는 토질에는 성장이 좋지 않으므로 부엽토를 다량으로 넣어서 땅을 부드럽게 하여 아침, 저녁으로 물을 듬뿍 주는 것이 좋다.

분재는 제주도 고산의 소형종 등이 적합할 것이다. 얕은 접시분에 「억새」 등속과 같이 심으면 잘 어울린다.

산모래에 소량의 피트모스를 섞은 배양토를 쓰고 여름에도 양달에서 재배한다.

[번식법] 실생도 번식이 잘 되지만 분재의 소형은 포기나누기로 번식시킨다. 실생을 반복하면 나중에는 대형이 되는 경향이 있기 때문이다. 포기나누기는 3월에 한다.

[노 트] 잎에서 오이 냄새가 나기 때문에 오이풀이라고 한다. 뿌리는 지혈제로 각혈 및 월경과다에 약용하며 어

좀싸리 [콩科]

[개화기] 8~9월.

[분 포] 전국적으로 분포한다.

[특 성] 자태가 대형인 싸리 계통의 여러 가지 중에서 이 종은 높이 30~50㎝의 꼬마 종류로서 귀엽다. 산길의 낭떠러지 부근에서 가끔 볼 수 있으며 최근에는 꽃가게에도 나오고 있다.

[재 배] 뿌리가 빈약하므로 4치 정도의 통통한 질화분에 심는다. 배양토는 산모래, 부엽토, 피트모스를 혼합하여 심으며 여름에도 양달에서 재배한다. 절반은 나무 성질이지만 한 그루의 수명은 그다지 길지 않아서 언제나 어린 나무를 보존하는 것이 좋다.

[번식법] 실생과 꺾꽂이. 실생은 산모래 묘상에 뿌린다. 꺾꽂이는 6월에 가지의 끝 또는 그 중간에 잎을 3~5매 붙여서 5㎝ 정도의 삽수로 하여서 산모래 삽상에 꽂는다.

물봉선 [봉선화科]

[개화기] 7~8월.

[분 포] 전국적으로 산 속의 습한 냇가 등에서 자란다.

[특 성] 일년초로서 곧게 자라는 높이 50~100㎝의 줄기와 가지는 붉은 빛을 띠며 마디 부분이 부풀어 있다.

군락을 지어서 피며 꽃색도 아름답지만 그 자태도 기이하여서 눈길을 끌고 있다. 그러나 일년초이므로 매년 종자를 받아서 뿌려야만 한다.

[재 배] 꽃이 질 무렵에 삭과에 손이 닿으면 저절로 터져서 손바닥에 씨가 담겨진다. 이것을 마른 곳에 두었다가 봄에 씨뿌림해도 되고 그 즉시로 물이끼 묘상에 뿌리고 겨울 동안 건조시키지 말고 관리하면 이듬해 봄에 발아한다. 본엽이 5매 정도 났을 때에 정식을 하며 배양토는 산모래에 30% 정도의 부엽토를 섞어서 심는다. 장마까지는 양달. 이후에는 반그늘에서 재배한다.

[노 트] 꽃이 노란 「노랑물봉선」, 「미색물봉선」, 「산물봉선」, 「제주물봉선」, 「흰물봉선」 등이 있으며 재배 요령은 물봉선과 같다.

<table><tr><td>

시호

</td><td>[산형科]</td></tr></table>

[개화기] 8~9월.

[분 포] 설악산 이북에서 자란다.

[특 성] 산야에서 자라는 다년초로 예로부터 약용식물로서 유명한 종류이다. 높이가 40~70cm이며 뿌리줄기는 굵고 짧으며 줄기잎은 넓은 선(線)형 또는 피침형으로 길이 4~10cm, 나비 5~15cm로 평행한 맥이 있다. 약용식물로 각지에서 재배하는 것 외에 분재로서도 시판되는 것을 흔히 볼 수가 있다.

[재 배] 분재에서는 높이 30cm 정도에서 꽃을 잘 피운다. 얕은 질화분을 쓰고 산모래에 소량의 피트모스를 섞어서 배수가 잘 되도록 하고 더우기 보수성도 있는 배양토로 한다. 화분은 여름에도 양달에서 관리한다.

[번식법] 한 그루의 수명은 그다지 길지 않아서 항상 새 모종을 보존하여야 한다. 3월의 분갈이와 포기나누기를 동시에 하지만 그 외에도 실생은 물이끼 묘상에 파종하며 또 6월에 갯모래 삽상에 줄기꽂이도 한다.

[노 트] 씨는 9~10월에 익으며, 뿌리는 말라리아 치료제, 기타 생약으로 사용하며 사포닌, 지방유 등이 들어 있다.

<table><tr><td>

삼잎방망이

</td><td>[국화科]</td></tr></table>

[개화기] 7~8월.

[분 포] 북부지방의 고산 지대에 자란다.

[특 성] 다년초로서 높이 1~2m이고 흔히 자주빛이 돌며 뿌리줄기가 옆으로 뻗는다. 잎은 호생하고 중앙부까지의 잎은 엽병이 있으며 길이 10~20cm, 나비 9~15cm로서 뒷면에 잔털이 있고 피침형이다.

[재 배] 산모래에 물이 잘 빠지도록 심는다.

[번식법] 이른봄에 포기나누기 한다.

[노 트] 원줄기와 잎을 지혈제로 사용한다.

용담

덩굴용담　　　덩굴용담의 열매

층꽃나무

쓴풀

참배암차즈기

용담 [용담科]

[개화기] 8~10월.

[분 포] 제주도를 비롯한 전국 각지의 산에 나는데 양지바른 풀밭에서 흔히 자란다.

[특 성] 산야에 가장 흔히 볼 수 있는 산뜻한 보라색 꽃이 시선을 끄는 다년초. 높이는 20~60cm이고 꽃은 길쭉한 깔대기꼴로 하늘을 향해 피며 밤이면 오무라드는 성질을 갖고 있다. 일반적으로 청자색인 기본형 이외에 백화형, 도색형이 있다.

[재 배] 배양토는 산모래와 부엽토를 주체로 10~20% 피트모스를 섞어서 뿌리를 얕게 묻으며 심는다. 양달에서 재배하며 줄기가 길어지므로 5월 하순부터 6월에 걸쳐서 줄기의 중간에서 가지나누기를 한다. 자른 줄은 냇모래 삽상에 꽂고 발근되면 배양토에 심어 가을에 낮은 자태의 개화를 볼 수가 있다. 깻묵가루를 월 1회씩 화분 흙 위에 놓는다.

[번식법] 줄기꽂이, 포기나누기, 실생. 분갈이는 해마다 꽃이 진 다음에나 이른봄 눈이 트기 전에 분갈이나 포기나누기를 게을리하면 그루가 노화된다.

[노 트] 뿌리를 건위제로 약용한다.

덩굴용담 [용담科]

[개화기] 8~10월.

[분 포] 제주도, 울릉도 등의 음지에서 자란다.

[특 성] 다년생 덩굴식물. 꽃은 용담을 닮았지만 색깔은 다소 엷고 줄기가 덩굴성이다. 잎이 두텁고 암록색으로 광택이 있는 점, 꽃이 진 후에 빨간 과실이 맺히는 점, 잎자루를 갖고 있는 점 등 용담류와는 다른 점이 많다.

[재 배] 용담과 같다. 단, 장마철 이후에는 반그늘에 옮기고 비를 맞히지 말아야 잎이나 뿌리에 손상이 없게 된다. 6월에 적극적으로 줄기를 전정하여 가지나누기를 촉진할 것과 줄기꽂이로 어린 그루 양성에 힘쓰는 것이 좋다. 물을 좋아하므로 흙이 마르지 않도록.

[번식법] 용담과 같다.

[노 트] 본종의 덩굴은 지주를 세워주는 것도 좋지만 삼목 이끼 등을 심어 그 위를 기게 하는 것이 풍치가 좋을 것이다.

층꽃나무 [마편초科]

[개화기] 7~8월.

[분 포] 제주도와 남부지방에 분포하며 산골짜기의 양지바른 바위 위에 난다.

[특 성] 줄기는 거의 가지를 치지 않고 곧곧히 자라 60cm 정도의 높이가 된다. 온몸에 털이 나 있고 계란꼴 또는 길쭉한 타원꼴의 잎이 마디마다 두장

씩 마주 난다. 꽃은 줄기 꼭대기에 가까운 잎겨드랑이마다 많은 것이 뭉쳐 줄기를 감싸듯이 층이 져 피기 때문에 층꽃나무라 한다.

[재 배] 뿌리는 다소 건조를 좋아하므로 질화분에 산모래를 주체로 부엽토를 섞은 용토에 심는다. 양달에서 재배하며 6월에 줄기의 중간을 잘라서 나무 길이를 낮게 한다. 잘라낸 윗줄기를 냇모래 삽상에 꽂는 것은 용담과 같다. 여름에도 주 2회 정도 화학 액비나 깻묵가루를 월 1회 화분 위에 놓아주고 물은 매일 아침 흠뻑 준다. 여름철에는 저녁에도 다시 한 번 주어야한다.

[번식법] 3월에 분갈이와 포기나누기를 동시에 하는 것 외에 줄기꽂이와 실생으로 번식시킨다. 씨는 산모래 묘상에 뿌리면 발아 후 2년째에 개화한다.

쓴풀   [용담科]

[개화기] 10~11월.

[분 포] 남부지방과 제주도에 분포하며, 주로 산야의 양지바른 풀밭에 자란다.

[특 성] 2년초이며 대단히 쓰기 때문에 쓴풀이라 한다. 모진 줄기는 곧곧이 자라 높이 10~25cm 정도가 된다. 이 꽃은 햇빛이 있어야만 피고 흐린 날에는 오무려버린다. 꽃의 지름은 1. 5cm이고 흰 바탕에 보라색 줄이 있다.

[재 배] 흙은 산모래에 약간의 부엽

토를 섞은 것을 써서 작은 분에 심어 가꾼다. 햇빛을 충분히 쬐어주고 흙이 마르면 흠뻑 물을 준다.

[번식법] 풀밭에서 어린 묘를 가져다 심는 것보다 씨를 뿌려 가꾸는 것이 좋다.

[노 트] 줄기와 잎을 「자주쓴풀」과 함께 건위제로 한다.

참배암차즈기   [꿀풀科]

[개화기] 8~10월.

[분 포] 경북, 경기도, 강원도 산지의 어둡고 다습한 나무 그늘에서 핀다.

[특 성] 황색의 꽃이 흡사 오동나무 꽃 같다. 야생의 사르비아를 닮은 종류의 배암차즈기는 홍자색의 꽃을 피운다. 원예식물인 사르비아는 최근에 1년초로 취급하는 경우가 많은데 야생종의 각종은 모두가 다년초로 재배된다.

[재 배] 질화분 5~6치의 통통한 분을 쓰며 산모래와 부엽토를 같은 양으로 섞어서 심는다. 장마가 들 때까지는 양달에서 아침 저녁으로 물을 듬뿍 주고 그 후부터는 반그늘에서 키운다.

[번식법] 줄기의 일부가 쓰러져 거기에서 흔히 발근하므로 뿌리의 생육 상태를 보아서 계절에 관계없이 잘라 떼어서 번식시킬 수 있다.

도라지

마타리

금마타리

솔체꽃

야고

두메잔대

도라지 [초롱꽃科]

[개화기] 7~8월.

[분 포] 전국 산야에서 흔히 자란다.

[특 성] 다년초로서 높이 40~100cm 이고 뿌리가 굵으며 원줄기를 자르면 백색 유액이 나온다. 잎은 호생(互生) 하고 엽병이 없으며 긴 계란형 또는 넓은 피침형이고 끝이 뾰족하며 길이 4~7 cm, 나비 1.5~4cm로서 표면은 녹색, 뒷면은 회청색이며 가장자리에 예리한 톱니가 있다. 꽃은 하늘색 또는 백색이며 원줄기 끝에 1개 또는 여러 개가 위를 향해 달린다.

[재 배] 산모래에 30% 정도의 부엽토를 섞어서 심는다. 햇빛이 잘들고, 바람이 잘 통하는 곳에 두고 가꾼다. 거름을 좋아하므로 많이 주면 꽃을 많이 피운다.

[번식법] 이른봄에 분갈이할 때에 뿌리를 쪼개서 증식시키는데 상처에서 흐르는 흰 즙을 말린 다음 심어야 한다.

[노 트] 뿌리를 식용 또는 거담제로 사용한다. 어린 순은 나물로 먹는다.

마타리 [마타리科]

[개화기] 7~8월

[분 포] 전국에 분포한다.

[특 성] 양달의 초원에 피며 늦은 여름부터 가을에 걸쳐 가지 끝에 좁쌀만한 크기의 샛노랑꽃이 뭉쳐 피며 필 때는 잎에서 독특한 냄새를 풍겨서 이전에는 실내에 그다지 두지 않았지만 최근에는 생화 재료로서 양산하게 되었다.

[재 배] 질화분에 산모래와 부엽토를 같은 양으로 섞어서 심는다. 양달에서 재배하지만 뿌리는 건조에 약하므로 조석으로 관수를 게을리할 수 없다. 또 본종은 꽃이 진 후 어린 그루라도 그대로 고사하는 경우가 많다. 이런 경우에는 꽃이 진 직후에 줄기를 밑둥에서 잘라내고 뿌리 역시 잘라서 그루를 갱신할 필요가 있으며 항상 실생을 하여서 모종을 보존하는 것이 좋다.

[번식법] 땅속줄기는 옆으로 뻗고 그 선단에 새싹이 돋는다. 매년 3월에 분갈이를 할 때에 그 새싹을 잘라서 번식시킨다. 실생은 씨를 산모래 묘상에 뿌린다.

[노 트] 마타리 속으로 재배하고 있는 것은 「뚝깔」, 「금마타리」, 「애기금마타리」 등으로서 재배 요령은 모두 같다.

솔체꽃 [산토끼꽃科]

[개화기] 8~10월.

[분 포] 중부지방과 북부지방에 분포한다.

[특 성] 높이는 60~90cm이고 줄기는 여러 갈래로 갈라져 많은 가지를 친

다. 풀이 무성하고 안정된 들보다 오히
려 민둥산에 많이 핀다. 2년초로 발아
하여 1년은 근생엽대로 지내고 2년째
의 여름에 줄기가 나와서 꽃이 피고 그
것으로 한 그루의 수명은 끝이다.

[재 배] 분재는 실생으로 키우게 된
다. 씨는 산모래 묘상에 뿌리면 이듬해
에 발아하지만 본엽이 2~3매 나왔을
때에 배양토에 이식하고 다시 5~6매
나왔을 때에 정식한다.

배양토는 산모래, 부엽토, 피트모스 등
을 섞어서 심고 반드시 양달에서 재배
한다.

[번식법] 실생 외에 제1년째 모종을
가을에 보면 근생엽만의 시기에도 그
루가 퍼지는 것이 있으므로 이것은 이
듬해 봄에 포기나누기를 할 수가 있다.

[노 트] 최근 시판되고 있는 왜소형
은 유럽에서 개량된 것으로 꽃을 봄에
피우는 것도 있다. 재배 요령도 거의
모두가 같다.

야고
[열당科]

[개화기] 8~10월.
[분 포] 한라산 남쪽 도로변 「억새」
「양하」 등의 틈에서 자란다.
[특 성] 1년생 기생식물이지만 꽃이
아름다와서 재배해왔다. 줄기가 짧기
때문에 거의 지상으로 나타나지 않고
몇 개의 적갈색 비늘조각이 호생한다.
[재 배] 일반적으로 「억색」를 화분

에 심고 그 뿌리목에 씨를 뿌린다. 우
선 가을에 꽃이 끝나고 전체가 검게 마
르기 시작하는 야고를 채취하여 미세
한 씨를 받아서 산모래 등에 섞어서 조
그맣게 환약처럼 만들어 억새 뿌리를
파헤치고 그 위에 이것을 올려서 묻는
다. 화분은 여름에도 양달에서 키운다.

[노 트] 한문으로는 「野菰」이며 朴
正德이라는 사람이 한라산에서 처음
발견하였다고 한다. 좀 큰 야고도 있으
며 재배, 번식 모두 같다.

두메잔대
[초롱꽃科]

[개화기] 8~10월.
[분 포] 전국의 산야에 분포한다.
[특 성] 산지의 계곡 암벽에 착생하
는 다년초. 잎이나 줄기를 드리우면서
꽃을 피운다. 시판하는 것은 고산성의
두메잔대와 저지성의 털잔대 이외에도
그 중간의 것 등까지 실로 다채로우며
고산성일수록 화기가 빠르다. 최근에는
본종의 백화형도 양산하고 있다.

[노 트] 재배법, 번식법 모두 잔대
(P164)와 같다. 다만 본종은 장마철
부터 비를 맞히지 않아야 한다는 것이
다.

들국화

쑥부쟁이

참취

뇌향국화

감국

섬감국

참취 [국화科]

[개화기] 8~10월.

[분 포] 전국에 분포하며 산야의 풀밭에서 자란다.

[특 성] 높이 1.5cm 정도로 상당히 크게 자라며 잎은 심장꼴로 서로 어긋나게 난다. 잎 뒷면은 흰 빛을 띠며 잎 가장자리에는 톱니가 나 있다. 가지의 끝에 가까운 자리에 나는 잎은 길쭉한 계란꼴 또는 피침꼴이다. 가지 끝에 여러 송이의 꽃이 함께 피는데 중심부는 노랗고 가장자리에는 띄엄띄엄 흰 꽃이 난다. 나물취 또는 암취라고도 부른다.

[재 배] 키가 크고 꽃은 많이 피지 않으므로 뜰에 심는 것이 좋다. 분에 심을 자리는 사질양토로서 물이 잘 빠지고 양지바른 곳이어야 한다.

[노 트] 어린 잎을 나물로 하며 이것이 참된 취나물이다. 성숙한 것은 두통 및 현기증에 사용한다.

섬감국 [국화科]

[개화기] 10~11월.

[분 포] 전국 각지의 산과 들판에서 자란다.

[특 성] 황국이라고도 불리우는 야생 국화로 다년초이다. 높이 30~60cm, 잎은 전형적인 국화잎으로 윤기가 있고 뒷면에는 부드러운 털이 있다. 다도해의 여러 섬에는 흰 꽃이 피는「흰섬감국」이 있다. 산야의 풀밭에 나며 양달을 좋아한다.

[재 배] 이 종류들은 줄기가 다소 길어서 짜임새가 부족하다. 그래서 봄의 분갈이에서 새 모종을 채취하여 이것을 5~8월까지 빈번히 적심하여서 줄기나 잎이 쓸데없이 길고 연약하게 자라는 것을 방지한다. 분재에서는 6월에 삽수를 하여 이것을 키운다. 모두 양달에서 재배하지만 반그늘에도 적응을 한다.

뇌향국화 [국화科]

[개화기] 10~11월.

[분 포] 남부지방의 구릉지에 분포한다.

[특 성] 남부 산지의 구릉이나 양지바른 벼랑 등에서 보통 볼 수 있는 들국화라고 한다면 거의가 이것을 말한다. 줄기와 잎에서 용뇌(龍腦)와 같은 향내를 풍겨서 지어진 이름이다

[재 배] 노지재배에서는 줄기가 도장하여 도중에 쓰러져 땅을 기는 자세가 되기 쉽다. 분재에서는 6~7월에 삽수를 하여 접시분에 산 모양으로 배양토를 높이 올려서 여기에서 발근한 꺾꽂이 모종을 많이 심으면 낮게 그루서기가 되어서 꽃을 피우게 된다. 그 외의 재배요령이나 번식법은 참취와 같

지만 본종은 반드시 볕이 잘 드는 장소에서 재배한다. 반그늘에서는 생육이 좋지 않다.

[노 트] 줄기나 잎에서 국화 특유의 향기가 있으며 가을에 가지 끝에서 흰빛의 가련한 꽃이 피며 연분홍 꽃이 피는 개체도 있다.

쑥부쟁이 [국화科]

[개화기] 8~10월.

[분 포] 남부지방과 제주도에 분포하는데 산야의 양달이나 풀밭 속에서 자란다.

[특 성] 숙근초, 세포학적으로는 가새쑥부쟁이와 남원쑥부쟁이의 사이에서 생긴 잡종이라고 하며 그래서인지인가 주변에는 많아도 깊은 산 속에서는 잘 발견되지 않고 있다. 높이는 30-~100 ㎝이고 줄기는 중간에서 여러 개의 가지로 퍼진다. 잎은 좁고 긴 타원꼴로 끝의 연보랏빛 꽃과 중심에 뭉쳐 있는 수술의 노랑색이 좋은 대조를 이룬다.

[재 배] 배양토는 가루를 뺀 산모래, 피트모스를 많이 섞어서 보수성을 높여주는 것이 좋다. 바람이 세차게 부는 양달에 하루종일 볕이 드는 곳에서 가꾸면 낮은 키로 키울 수 있으며 또 분갈이 때 특히 꽃망울이 생긴 후 꺾꽂이를 하면 작은 분에서 왜소하게 꽃을 피울 수가 있다.

[노 트] 까실쑥부쟁이를 닮았지만 쑥부쟁이는 꽃에 관모가 없고 잎도 까실쑥부쟁이처럼 만져도 꺼칠거리지 않는다. 어린 순을 나물로 먹는다.

감국 [국화科]

[개화기] 11~12월.

[분 포] 자생지 불명.

[특 성] 줄기도 완전히 땅을 기며 잎은 두텁고 광택이 나며 꽃은 12월부터 정월까지도 피며 1년 중에 최후의 꽃이라고 할 것이다. 그러나 추위에 약하므로 서리를 맞히지 말고 겨울에도 실내에서 관리한다.

[재 배] 매년 4월에 분갈이를 하여 뿌리와 줄기를 충분히 잘라내서 그루를 갱신하지 않으면 흐트러진 자세가 된다.

[번식법] 포기나누기와 줄기꽂이.

털머위

골등골나물

미역취

산미역취

까실쑥부쟁이

털머위

산비장이

제주산비장이

털머위 [국화科]

[개화기] 10~12월.

[분 포] 제주도와 다도해의 여러 섬에서 나며 해안의 암상이나 부근의 숲속에서 핀다.

[특 성] 상록성 숙근초로 잎에 광택이 나고 꽃이 크고 아름다와서 인가에서 재배한다. 연해의 지방에서는 머위처럼 어린 줄기를 식용한다.

[재 배] 주로 노지에서 재배하지만 분재에도 어울린다. 노지재배는 경사지를 만들든가 아니면 배양토를 10~20cm 정도 높이 올려서 뿌리에 정체수가 닿지 않도록 심는다. 땅을 파 올린 흙에 같은 양의 부엽토를 섞어서 용토로 한다. 그늘에는 강하지만 겨울의 추위가 심한 지방에서는 그루가 상하므로 상록수의 밑에 심는 것이 좋다. 분재에서는 산모래에 30% 정도의 부엽토를 섞어서 7치 이상의 질화분에 심는다. 여름에도 양달에서 재배한다.

[번식법] 3월에 분갈이를 할 때에 포기나누기를 하는 동시에 가을에 종자를 산모래 묘상에 뿌리면 이듬해 봄에 잘 발아한다.

[노 트] 동속의 별종인 개머위라는 소형종은 산초계에서 재배하고 있다. 개화는 털머위보다 늦으며 재배 요령은 같다. 잎자루를 식용하며 민간에서는 잎을 생선 중독 또는 부스럼에 약용

208

한다.

미역취 [국화科]

[개화기] 8~10월.

[분 포] 전국 각지에 널리 분포. 산야 풀밭에서 흔히 볼 수 있다.

[특 성] 다년초. 산초계에서 재배하고 있는 것은 고산식물인 「산미역취」나 「나래미역취」 등으로 키가 낮고 황색의 꽃색이 맑으며 광택이 있어서 관상 가치가 높다.

[재 배] 과습을 싫어하므로 산모래를 주체로 부엽토 30% 정도를 섞어서 심는다. 화분의 표면과 밑에는 자갈을 많이 넣어서 배수가 잘 되도록 하고 여름에도 양달에서 재배한다.

[번식법] 3월에 포기나누기와 분갈이를 동시에 하면 그루가 잘 번식한다. 실생은 가을의 채종을 이듬해 이른봄에 물이끼 묘상에 뿌리고 늦가을에 한두 번 서리를 맞힌 다음에 얼지 않을 정도로 보호하였다가 이듬해 봄에 분에 올린다. 어린 순을 나물로 하고 민간에서 건위, 이뇨제로 약용한다.

까실쑥부쟁이 [국화科]

[개화기] 8~10월.

[분 포] 전국 각지의 낮은 산 풀밭에서 자란다.

[특 성] 높이 50~100cm, 잎은 긴 계

란꼴로 거친 톱니가 있고 빳빳한 털이
나 있어서 깔끔거린다. 그래서 까실쑥
부쟁이라 한다. 산지의 건조한 숲 속에
서 피지만 풍취 있는 모습이 사랑스러
워서 재배한다.

[재 배] 과습을 싫어하므로 배양토
도 미역취와 같다. 접시분에 용토를
산처럼 올려담고 그 위에 높이심기를
하면 관상적으로 풍치가 있다. 또 생육
도 좋다. 봄부터 장마 전에는 양달 그
이후는 반그늘에서 관리한다.

[번식법] 포기나누기, 실생, 줄기꽂이
모두 된다. 이것은 6월에 새로운 어린
가지에 잎을 3매 정도 붙여서 갯모래
삽상에 꽂는다. 꽃망울이 보인 뒤 모래
에 꽂아 뿌리를 내리게 하면 키를 한층
더 낮게 만들 수 있다.

[노 트] 어린 순은 나물로 먹는다.

골등골나물   [국화科]

[개화기] 8~10월.

[분 포] 남부지방의 하천 주위의 풀
밭에 난다.

[특 성] 초원의 다소 다습한 곳에서
핀다. 등골나물류 중에서도 꽃이 엷은
자홍색으로 물드는 것이 많고 가장 아
름답고 자태도 작아서 흔히 재배되고
있다.

[재 배] 배양토는 산모래를 주체로
30% 정도의 피트모스를 섞어서 넉넉
한 질화분에 재배한다. 화분은 여름에
도 양달에 놓아두고 여름에는 특히 저
녁에 충분히 물을 준다.

[번식법] 미역취와 같다.

[노 트] 원예품인 「벌등골나무」, 야
생종인 「등골나물」, 「띠등골나물」 등
의 동속 각종도 같은 요령으로 재배한
다.

산비장이   [국화科]

[개화기] 8~10월.

[분 포] 전국에 분포하며 낮은 산의
양달의 초원에서 핀다.

[특 성] 높이는 30~100cm의 엉경퀴
와 비슷한 체모를 갖고 있으나 엉경퀴
의 무리는 아니다. 가을의 풍취가 짙은
종류이므로 정원이나 분재로 재배해왔
으나 최근 양산하게 되었다. 「제주산비
장이」는 높이 15~20cm로 분재에도 아
주 적합하다.

[재 배] 골등골나무와 거의 같다.

[번식법] 3월 분갈이에서 포기나누기
를 하지만 묵은 가지보다는 어린 가지
를 우선적으로 선정하며 이것을 비배
하는 것이 보다 아름다운 꽃을 볼 수
있다. 실생도 가능하면서 산모래 묘상
에 씨를 뿌린다. 씨는 많이 채취하여도
완숙하는 것은 그다지 많지 않은 경향
이 있다.

섬공작고사리

개차고사리

알룩큰봉의꼬리

족제비고사리

꿩고비

섬공작고사리　　　　[고사리科]

[분 포] 제주도 한라산에 나며 암벽
에 붙어 산다.

[특 성] 더운 곳의 낮은 산 암벽에
착생하여 잎을 드리우면서 군락을 짓
는다. 근친종인 「봉작고사리」는 온실
식물로서 일찌기 재배해왔지만 섬공작
고사리는 전적으로 산초계에서 가꾸어
왔다.

[재 배] 산모래를 주체로 부엽토 등
물빠짐이 좋은 배양토를 섞어서 얕은
분에 반드시 높이심기를 한다. 더 중요
한 것은 연중 비를 맞지 않을 것이며
문밖에서 분재를 해서는 그다지 오래
보존할 수 없을 것이다.

[번식법] 3년에 1회 정도 배양토를 갈
아주어야 하며 그때에 포기나누기도
해준다. 그러나 너무 적게 나누면 그루
가 쇠약해지기 쉽다.

[노 트] 한 개의 소엽에 포자낭군이
2개 이상 달리는 것을 「큰공작고사리」
라고 하며 한라산 영실 근처에서 자란
다. 민간에서는 임부의 분만 전후의 특
효약으로 쓴다.

개차고사리　　　　[꼬리고사리科]

[분 포] 제주도 숲 속에서 자라는 상
록 다년초.

[특 성] 강건하고 자태도 왜소해서

재배에 알맞아 일찍부터 증식하여 꽃
가게에서도 볼 수가 있다.

　자생지 환경은 암석이 노출되는 밝
은 숲 속 등이다. 잎자루는 자주빛으로
윤기가 있으며 땅에 닿으면 뿌리를 내
린다.

[재 배] 배양토는 산모래에 30% 정
도의 부엽토를 섞는다. 성질이 까다로
운 경향이 있어서 비를 맞히지 말 것과
반드시 높이심기를 할 것과 공중 습도
를 좋아하므로 관상으로 실내에 오래
머물게 하는 것을 피할 것이며 가급적
이면 비닐 하우스 등에 재배하는 것이
좋다.

[번식법] 이식을 그다지 좋아하지 않
으므로 분갈이와 포기나누기는 2~3년
간격으로 한다. 그것보다는 잎의 선단
에 새싹이 붙으므로 이것을 볼 때마다
배양토에 묻어 발근시킨 것을 절단하
여 다른 화분에 번식시킨다.

[노 트] 닮은 종류에 「차꼬리고사리」,
「깃고사리」등이 있지만 재배 요령은
「개차고사리」와 같다.

족제비고사리　　　　[면마科]

[분 포] 전국의 산지의 음지에서 자
란다.

[특 성] 산지의 계곡의 암벽이나 숲
속의 바위 위 등에 군락을 짓는 상록
다년초로 잎에는 전혀 털이 없으므로
여름에는 그 서늘한 분위기를 즐기기

위해 재배한다. 뿌리줄기는 길게 지표를 기고 전체적으로 감상이 대단히 우아하다.

[재　배] 산모래, 부엽토 등을 섞어서 배수가 잘 되도록 하여 높이심기 또는 물이끼 덩어리에 심어도 잘 자란다. 또, 작은 돌의 표면에 뿌리줄기를 기게 하고 이것을 수반에 놓아도 재배가 된다. 반그늘에서 관리하여 비를 맞히지 않아야 한다.

[번식법] 뿌리줄기에 잎을 2~3매 붙인 상태로 잘라서 번식시킨다.

[노　트] 간혹 털이 있는 것도 있다.

알룩큰봉의꼬리　　[고사리科]

[분　포] 남쪽 섬에서 자란다.

[특　성] 「큰봉의꼬리」를 꼭 닮았지만 포자군의 형태에 큰 차이가 있다. 통상잎의 중앙에 세로로 엷게 흰 무늬가 들어 있다. 그것이 아름다와서 예로부터 재배되어 왔다. 자생지의 환경은 공중 습도가 높고 배수가 좋은 숲 속이다.

[재　배] 본종과 다음의 꿩고비는 분재 외에 노지재배도 된다.
분재는 개차고사리의 요령으로 되지만 그루가 커지게 되므로 2~5치의 질화분을 쓰는 것이 좋다.
　노지재배도 반그늘 장소에 경사지를 만들든가 아니면 땅을 30㎝정도 파 내려서 자갈이나 모래를 두텁게 넣어서

배수가 잘 되도록 하고 부엽토를 주체로 한 용토에 심는다.

[번식법] 1~2년 간격으로 분갈이를 할 것이며 그때에 포기나누기로 번식시킨다.

[노　트] 추운 지방에서는 겨울에 지상 부위는 마르고 더운 지방에서는 잎을 붙인 채로 월동시킨다.

꿩고비　　[고비科]

[분　포] 충북 이북 산지의 약간 습기 있는 곳

[특　성] 봄에 새싹을 식용으로 하는 「고비」를 닮았지만 그것보다는 잎이 좁고 관상하기에 아름다와서 정원이나 노지재배 외에도 분재를 한다. 자생지는 계곡의 습기 있는 암벽이다.

[재　배] 노지재배는 「알룩큰봉의꼬리」와 같은 요령으로 한다.
　접시분에 높이심기 하면 대단히 소형의 맵시로 정취가 있지만 또 7치 이상의 큰 질화분의 통통한 분에 심으면 본래의 호화스러운 모습을 볼 수 있게 된다.
　화분은 봄부터 장마기까지는 양달 이후에는 반그늘에 놓는다.

[번식법] 알룩큰봉의꼬리와 같다. 분갈이와 포기나누기는 3월이 적기이다.

산야초를 구입할 때

1. 들에 있는 꽃은 들에

산야초를 구입하자면 꽃가게에서 사오는 것이 가장 확실한 방법이다. 그것은 야생의 식물이라고 할지라도 이미 몇 대를 내려오면서 종자에서부터 키워져 왔으므로 재배하기 쉬운 성격으로 변화되어 있기 때문이다.

이에 비해 산야에서 그루를 채취하는 것은 여러 가지로 삼가해야 할 문제인 것이다. 산에 올라가서 하는 채취는 물론이고 일반적인 길가에서 피어난 꽃이라 하더라도 여러 사람이 볼 수 있는 꽃을 독점하려는 행위도 삼가해야 할 일이다.

꽃가게 외에도 동호인이나 산야초 모임 단체 등에서 서로 교환하거나 나누어 가질 수도 있을 것이다. 그럴 때는 우선 정확한 꽃명, 성질과 재배, 번식 등 주의사항에 이르기까지 모든 것을 알아둘 필요가 있다.

2 좋은 모종을 선택하는 법

① 너무 크지도 작지도 않은 것을— 많은 그루 중에서 중간 정도의 크기에 좋은 모종이 있는 경우가 흔하다. 좋은 모종이란 반드시 잎이 많으며 잎의 크기도 균형이 잡혀있고 그루나 줄기의

모종의 선정법

우측이 좋은 모종(노랑석남)

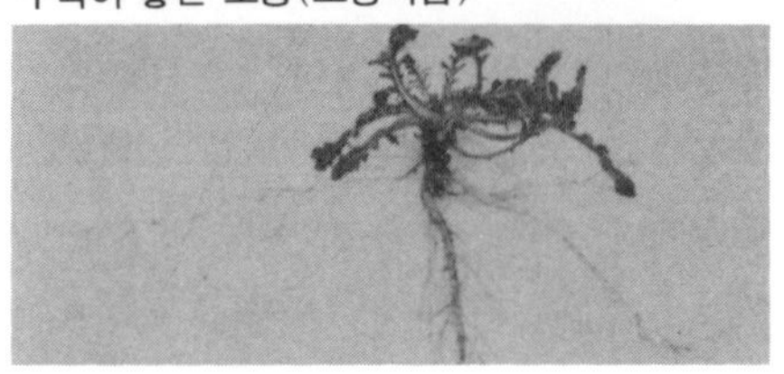

옆으로 퍼지는 뿌리의 양이 많은 것을 선정한다 (솔체꽃)

우측이 좋은 모종(정금나무)

굵기도 튼튼한 것이다.

② 뿌리는 긴 것보다는 많은 것을— 뿌리가 긴 모종이 옆으로 퍼지는 것은 빈약한 것이다. 뿌리는 짧아도 옆으로 퍼지고, 뿌리가 많은 것이 좋은 모종이다.

③ 꽃이나 봉오리에 현혹되지 말 것——꽃이나 꽃봉오리가 달린 모종에 손이 가기 쉽지만 꽃이 달려 있는 모종은 생각해야 할 문제점.

오히려 꽃이 달려 있는 모종일수록 가지나 곁눈이 적으므로 좋은 모종이 되지 못하는 것이다.

꽃이 없어도 가지나 곁눈이 많은 모종을 선택해야 한다. 어린 그루에 꽃이 달려 있는 것은 뿌리에 이상이 있는 경우가 많다.

3. 좋은 구근을 선택하는 법

구근의 표면에 주름살이 없고 손에 쥐면 묵직한 것이 좋은 구근이다. 다음에는 그 중에서 싹의 부분에 허물이 없는 것을 선택한다.

외국에서 수입된 것에는 싹뿐만 아니라 외부의 비늘조각에도 상처가 있는 것이 있는데 이것은 그 부분을 제거하고 심는 것이 좋다.

구근의 선정법

(왜현호색)

위가 좋은 구근—구근의 표면에 주름이 없고 싹 부분에 상처가 없는 것을 선정한다.

배양토의 여러 가지

1. 통기성과 보수성

배양토가 될 수 있는 첫 번째 요건은 통기성과 보수성이 우수한 것이다 . 이 것은 배양토를 손에 쥐고 만져보았을 때 생각보다는 가볍다고 느껴지면 통기성과 보수성이 좋은 것이다. 식물의 뿌리는 호흡을 하고 있다. 통기성과 보수성이 부족하면 식물은 호흡할 수가 없어서 좋지 않다. 그리고 보수성이 좋은 흙이 거름을 많이 가지고 있다.

2. 배양토와 미량요소

식물의 생육에 필요한 비료의 3요소 즉 질소, 인산, 칼리는 사람이 비료로 주고 있지만 그 외에 「미량요소」 예컨 대 망간, 붕소, 아연, 몰리브덴 등의 많은 것들은 비료로는 줄 수가 없는 것이 지만 필수 불가결한 것들이다. 이들의 미량요소는 다행히 배양토에 함축되어 있으나 거름주기에 의해 보충해주지 않으면 순조로운 생육이 되지 않는다.

배양토의 여러 가지

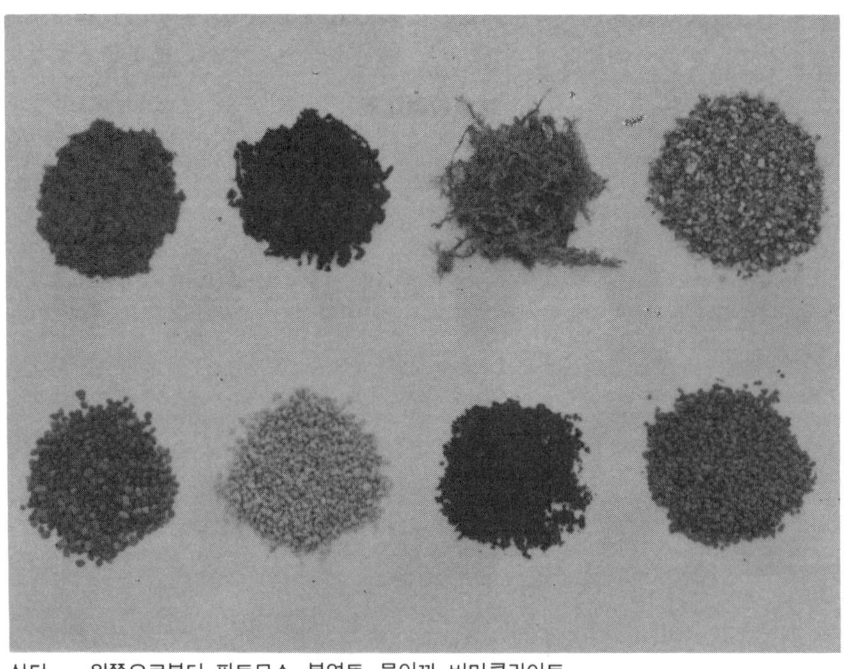

상단— 왼쪽으로부터 피트모스, 부엽토, 물이끼, 버미큘라이트.
하단—왼쪽으로부터 굵은 알갱이의 산모래, 중간 크기의 산모래, 밭흙, 산모래.

- 정원이나 밭흙……이것은 배양토가 아니다. 그러면 배양토란?

3. 배양토는 잘 섞어서 쓴다

통기성, 보수성 등의 물리적인 성질과 미량요소가 많은 것을 선정한다는 화학적인 성질은 배양토의 한 종류만을 써서는 효과를 기대할 수 없다는 것을 가르치는 것이다. 미량요소를 많이 함유한 배양토, 통기성이 풍부한 배양토, 굳어서 무너지지 않는 배양토 등 여러 가지를 혼합하여 쓰는 것이 식물을 잘 자라게 한다.

4. 우선 「모래」와 「자갈」로 나눈다.

원예용의 「체」에는 2종류의 그물눈이 합쳐 있다. 먼저 그물눈이 촘촘한 그물로 흙을 쳐서 먼지(싸라기)를 제거하고 다음에 굵은 그물로 쳐서 지름 2mm 정도의 이른바 「모래」와 그 이상의 「자갈」로 나눈다. 화분의 맨 밑바닥에는 지름 6mm이상의 굵은 알갱이를 깔고 그 위에 지름 3~6mm의 중간 알갱이, 위에는 3mm 이하의 흙이어야한다.

배양토의 혼합

배양토는 여러가지를 혼합하여 사용한다.

배양토 나누기

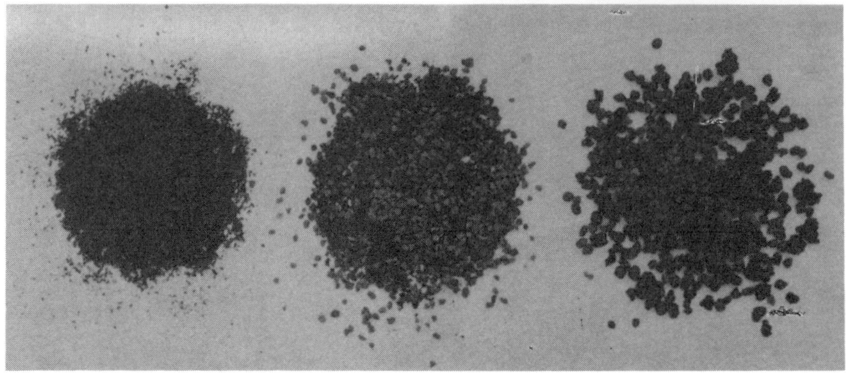

체로 쳐서 나눈 배양토 — 왼쪽으로부터 먼지 (사용하지 않고 버린다), 모래, 자갈

3 분재의 여러 가지 형

1. 우선 「높이심기」 법을 !

이 방법은 화분 속이 아무리 물에 차 있어도 뿌리는 그것보다도 높은 위치에 있게 하여 뿌리의 통기성을 방해하지 않도록 한다. 뿌리의 호흡량이 많은 산야초에는 가장 적합하지만 반면에 아침, 저녁의 물주기는 충분히 해주어야 한다. 무너지기 쉬운 축벽에는 이끼를 심는 등의 기교를 부린다.

2. 그루를 육성하는 「질화분」

강건한 종류로 더우기 그 그루를 빨리 충실하게 키우려면 질화분에서 재배한다. 식물의 세근은 어김없이 화분의 안벽으로 뻗어나간다. 그러므로 화분의 크기는 중심에서 뻗어나가는 세근이 충분히 내벽에 이르르는 것이라야만 한다. 너무 큰 화분은 오히려 그루를 덜 자라게 한다.

높이심기

높이심기로 재배한 것

질화분으로 키운다

질화분으로 재배한 것

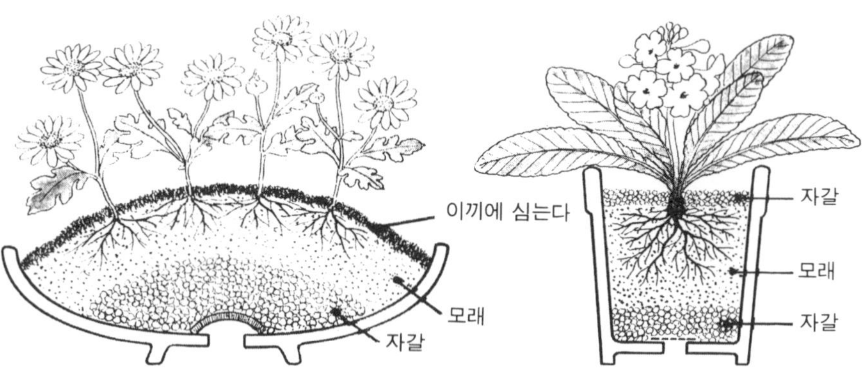

● 우선 분재에서는 매일 식물과의 대화로 일찌기 그 성격을 알게 된다.

3. 물이끼에 심는다

이 책에서 풍란, 각시석남, 해오라비난초 등 물이끼 단용으로 심는 법을 설명하였다. 또 그것을 별도로 특히 재배가 수월하지 않는 종류는 비를 맞히지 말고 물이끼 단용으로 재배하는 경우도 있다. 또 뿌리의 장애로 허약해진 그루를 회복시킬 때도 물이끼에 심는 것이 가장 좋다.

4. 수생식물을 심는 법

동의나물, 벗풀, 보풀, 수련 등의 수중에서 자라는 식물을 재배하자면 두 가지의 방법이 있다. 그 하나는 우선 질화분에 심어서 이것을 연못 등의 물 속에 담그는 방법, 또 하나는 수련분과 같은 대형의 그릇에 직접 심고, 그 다음에 물을 채우는 방법이다. 어느것이나 양달에서 키운다.

물이끼에 심는다

물이끼 단용으로 심는 것

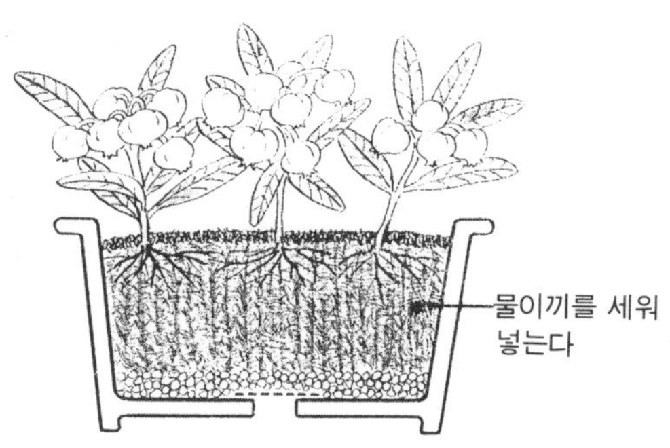

수생식물의 심는 법

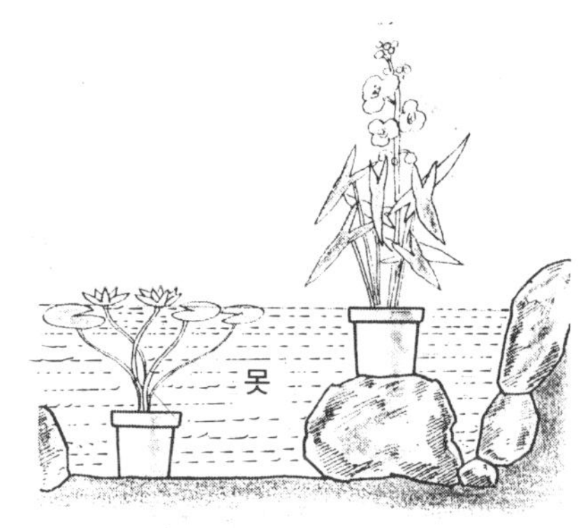

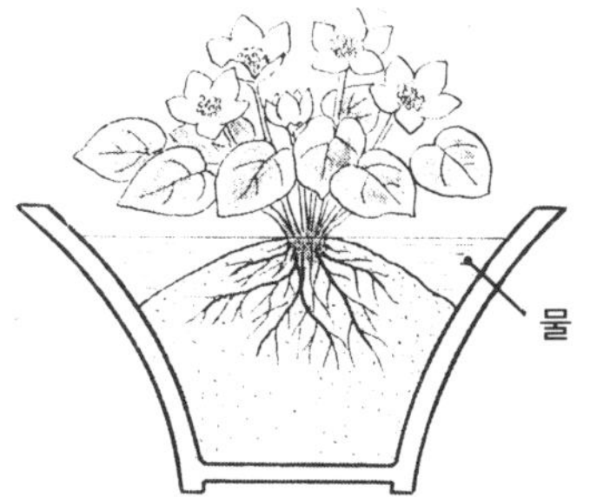

4 # 화분의 여러 가지

1. 「질화분」이 최적

식물의 뿌리가 호흡하는 것을 돕자면 화분의 몸통도 통기성과 보수성이 높아야한다. 이런 요건을 충족하는 것은 「질화분」 밖에는 없다. 분재는 「질화분」으로! 굳은 사기화분, 유약을 칠한 오지화분, 플라스틱화분 따위는 어느것이나 산야초를 키우기에 맞지 않는 것이다.

2. 화분의 사용 방법

우선 물을 채운 용기 속에 질화분을 담궈두어 수분을 흡수시킨다. 물 속에서 찌르륵 소리를 내면서 흡수하는 화분은 과연 믿음직하고 좋은 화분이다. 즉 그 만큼 통기성, 보수성이 훌륭하기 때문으로 건조한 화분에 포기를 직접 심으면 뿌리의 물이 흡수되어버려 포기가 상한다.

질화분의 여러 가지

산야초 재배에 최적한 질화분——산야초의 형태와 심는 법에 따라서 사용한다.

- 편리해도 식물에게는 부자유한 화분. 분재는 화분을 아는 것으로부터 시작한다.

3. 「화장분」을 사용할 때

사기화분이나 오지화분이나 질화분에 대하여 「화장분」이라고 한다. 화분을 실내에 들여놓고 한동안 관상하든가 전시회에 출품하는 기간에만 사용한다.

뿌리가 잘 퍼져 돌아간 그루라면 살짝 질화분에서 빼서 준비된 화장분에 넣고 틈바구니에 모래를 채운다.

4. 다시 보아야 할 「접시분」

높이심기법에서 빼놓을 수 없는 것이 「접시분」이다. 화분이 아니더라도 예컨대 철판 같은 평평한 돌에 배양토를 쌓아 올리고 거기에 심는 것도 「높이심기」의 하나의 방법이다. 돌의 정상이나 측면에 그루를 심는 「돌붙임」도 일종의 높이심기라고 할 것이다. 어느 것이나 접시분의 사용법이 기본이다.

화장분의 여러 가지

접시분의 여러 가지

앞줄의 좌측 2개는 용암(溶岩)으로 된 접시분, 그 옆의 3개는 인조 안마석(鞍馬石).

5 분재의 수순

1. 「모래」와 「자갈」의 배분

배양토는 우선 모래와 자갈의 2종류로 나누어진다(p. 217 참조). 화분 속에서 이것이 어떻게 쓰여지는가를 단면도로 살펴보자.

우선 화분 높이를 4등분하여 밑의 1단을 자갈로, 다음의 2~3단을 모래로 한다. 표면에 자갈을 덮어서 마무리를 한다.

2. 싹의 위치는 깊게 하지 않는다

자갈을 넣을 때 화분의 밑구멍을 망사로 막는다. 자갈 위에 모래를 넣는데 이때 왼손으로 포기를 잡고, 오른손으로 모래를 넣으면서 싹이 너무 깊게 파묻히지 않도록 주의한다. 다 심은 후의 싹의 위치는 분 높이의 ¾ 정도가 좋다.

모래와 자갈의 배분

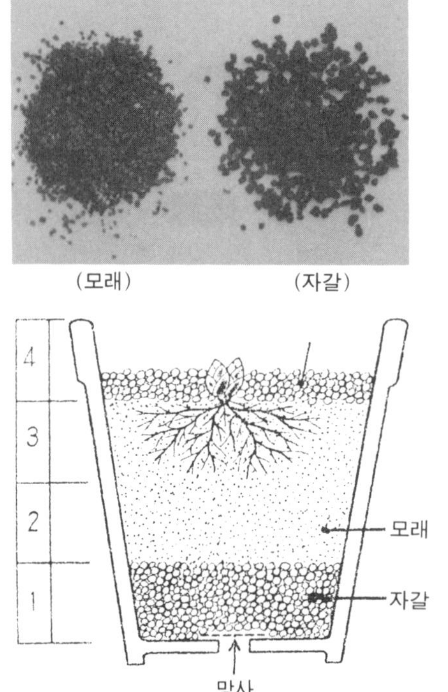

싹눈의 위치를 정한다

왼손으로 싹눈의 위치를 결정하고 모래를 넣는다.

● 식물의 뿌리뻗음을 인공적으로 한다…… 그것이 분재의 재미인 것이다.

3. 뿌리의 배분에도 주의를

그루의 싹눈의 위치를 확정할 때에 겸해서 주의할 것은 뿌리를 다루는 일이다. 뿌리는 가급적 얕게 수평으로 기게 한다. 그것이 분재의 원칙이다. 그러기 위해서는 모래를 넣는 작업이 절반 정도 진행되었을 때에 중단하고 오른손으로 뿌리의 한 대씩을 옆으로 벌려서 뿌리가 수평이 되도록 유도한다.

4. 싹눈을 보호한다

고온 다습한 여름에 썩기 쉬운 것은 싹눈과 뿌리가 접속하는 부분이다. 그래서 여름에 더위를 타는 종류는 싹에서 땅속줄기 상부에는 모래로 묻지 말고 자갈을 대신하여 덮어서 보호한다. 가을에 갈아심을 화분도 겨울의 건조에서 싹눈을 보호할 필요가 있다. 이때는 화분의 표면을 물이끼로 덮는다.

뿌리의 배분

뿌리는 가급적 얕게 수평으로 기게 한다.

싹눈의 보호

화분의 표면을 자갈로 덮어 싹눈을 보호한다.

화분의 표면을 물이끼로 덮어 싹눈을 보호한다.

6

산야초의 노지재배

1. 산야초는 경사지를 좋아한다

경사지는 뿌리의 호흡을 좋아하는 산야초가 가장 즐기는 장소이다. 그것은 자생지가 대부분이 경사지인 것으로도 알 수가 있다.

정원이 평탄하더라도 조금의 노력으로 경사지를 만들 수가 있다. 평탄한 곳에 심은 그루는 몇 해가 되면 없어지지만 경사지에서는 조금씩 그루가 번식이 된다.

2. 평지에 심으려면

아무리 해도 경사지를 만들 수 없을 때는 평지를 파서 용토를 개선하여 거기에 그루를 높이 심는다. 물론 이런 경우에도 심는 식물이 양달과 응달 어느 쪽을 좋아하는가를 미리 확인할 필요가 있다.

파올린 흙 밑에는 굵은 자갈이나 기왓장 파편 등을 깔아서 배수가 잘 되도록 한다.

경사지에 심는다

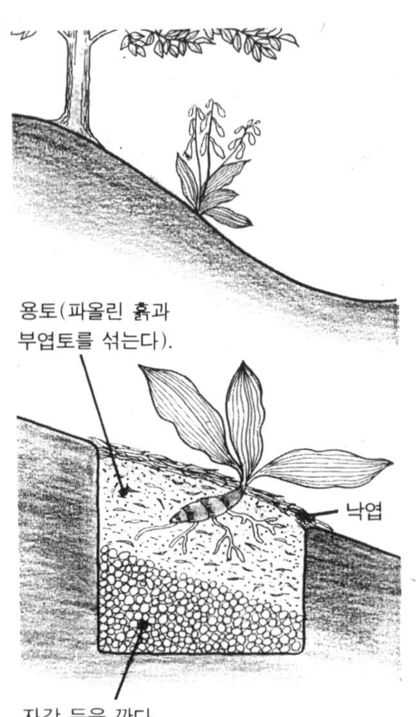

평탄지에 심는다

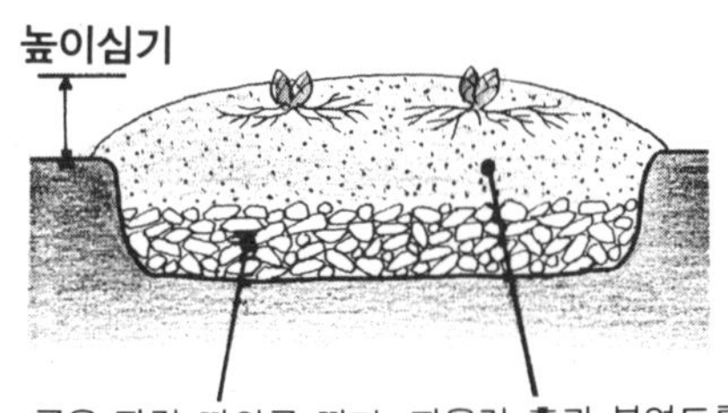

[나쁜예]

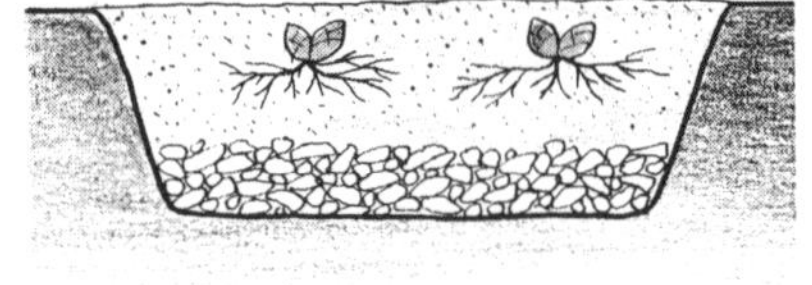

● 응달의 경사지, 돌계단의 곁, 돌담 등에 어울리는 산야초가 있다.

3. 고산식물은 정원석에

바위와 경석을 주체로 만든 정원석에는 양달의 고산식물을 모아서 심으면 최상이다.

우선 정원의 한쪽을 평평하게 파 내려서 밑에 굵은 자갈을 깔고 그 위에 산모래를 넣으면서 산석을 배치하여 그 위에 심는다. 식물은 뿌리목에 부엽토를 섞으면서 돌에 뿌리가 따라 붙도록 심는다.

4. 돌담을 화단으로

그늘진 돌담이라면 돌의 표면에 꽃담배, 구름송이풀, 소형의 고사리류를 진흙으로 발라붙인다. 진달래류는 돌틈에 물이끼를 쓰면서 심는다.

양달의 돌담에는 야생의 철쭉류나 많은 바위성의 산야초를 심고 아침, 저녁으로 물을 주면 잘 생육한다. 돌담에서 피어난 산야초에서 고향에 온 포근함을 느껴보는 것도 좋을 듯하다.

정원석에 심는다

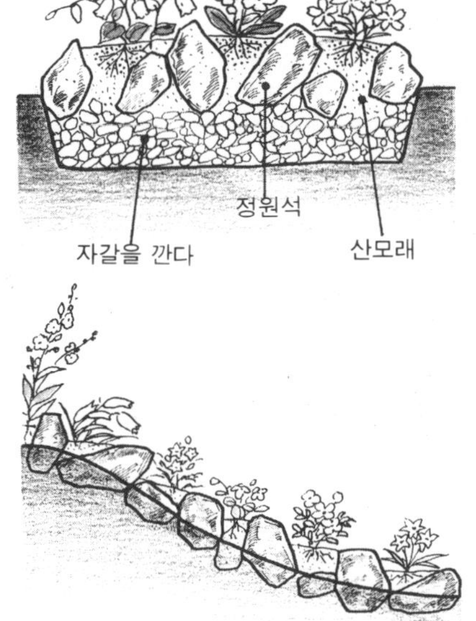

돌담에 심는다

돌담에 핀 꽃담배

7

분갈이의 시기와 방법

1. 분갈이의 시기

산야초 재배에서 가장 중요한 작업은 원칙적으로 매년 1회의 분갈이이다. 분갈이의 적기는, 이른봄에 개화하는 소형의 종류는 꽃이 진 직후이며, 봄에서 여름에 피는 다소 대형종은 3월이며 가을에 개화하는 것은 10~11월이 적기이다. 봄에 피는 구근류는 10월부터 활동을 함으로 9월에 정식한다.

2. 뿌리를 잘라 다듬는다

화분을 손에 잡고 바깥쪽을 주먹으로 가볍게 두드리고 그루를 흙째로 화분에서 뺀다.

다음에 배양토를 조심스럽게 털어내면 긴 뿌리가 드러난다. 이 뿌리를 전체 길이의 ½로 잘라버린다.

성장이 빠른 종류는 더욱 깊게 전체 길이의 ⅔를 잘라버린다.

분갈이의 수순(해국의 봄 분갈이)

① 그루가 잘 빠지도록 화분을 가볍게 두드린다.

② 그루를 흙째로 화분에서 뺀다.

③ 배양토를 긁어 떨구고 뿌리를 헤친다.

④ 뿌리를 전체 길이의 ½~⅔로 잘라 다듬는다.

3. 화분 속을 물로 씻는다

뿌리를 다듬은 다음에 포기나누기 (p. 228)를 하는데 이 두 가지의 작업을 합쳐서「그루의 갱신」이라고 한다. 이로써 젊은 그루로 싱싱하게 탈바꿈하게 될 것이다. 화분을 계속해서 쓰려면 화분의 안팎을 물로 깨끗이 씻어서 내벽에 붙어 있는 부식된 산성류를 제거해야 한다.

4. 밑거름을 준다

배양토는 모든 것을 새롭게 준비한다. 묵은 배양토는 이미 미량요소(p. 216)를 소모했다고 생각되기 때문이다. 분 밑에 자갈을 넣고 그루의 위치를 정하고(p. 222), 심는 작업을 끝내기 전에 밑거름을 준다.

화분의 경우는 완효성 고형 화학 비료가 적합하다.

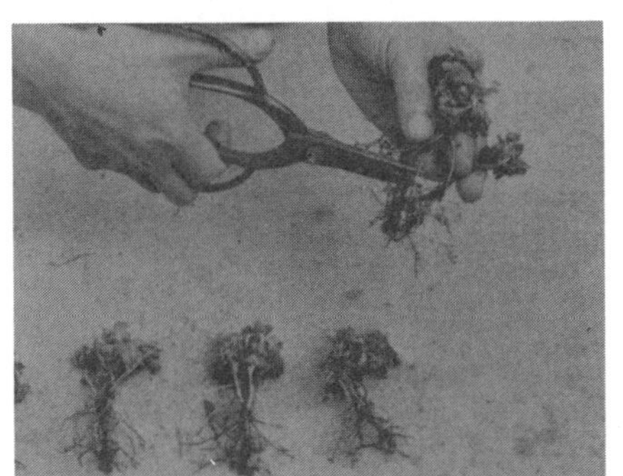

⑤ 싹눈의 2~3개가 한 그루가 되도록 그루를 쪼갠다.

⑥ 화분의 안쪽을 물로 잘 씻는다.

⑦ 새로운 배양토로 심는다.

⑧ 모래를 넣기 전에 밑거름을 넣는다.

⑨ 심기가 끝나면 충분히 물을 준다.

8 번식법 (1) 포기나누기와 뿌리꽂이

1. 포기나누기 – 땅속줄기를 자른다

그루를 화분에서 빼서 뿌리를 잘라서 다듬는 것까지의 작업은 「분갈이」(p. 226)와 같다.

땅속줄기가 옆으로 뻗는 종류는 땅속줄기의 여러 군데에 달려 있는 눈을 찾아서 그 눈의 2~3개가 하나의 그루가 되도록 예리한 칼로 잘라낸다.

물이끼나 모래상에 심는다.

2. 이색적인 포기나누기 – 새우난초류

산야초의 종류에 따라 포기나누기에도 여러 가지가 있다. 예컨대 새우난초류. 이것은 땅속줄기가 연주(連珠)꼴로 되어 있어서 묵은 알뿌리를 잘라 떼내어 독립시키는 것도 포기나누기라고 할 수 있다. 묵은 알뿌리는 잘라 떼내기 전에는 발아를 하지 않는다. 잘라 떼낸 알뿌리는 상부를 반 정도 노출시켜 물이끼에 심는다.

포기나누기의 요령

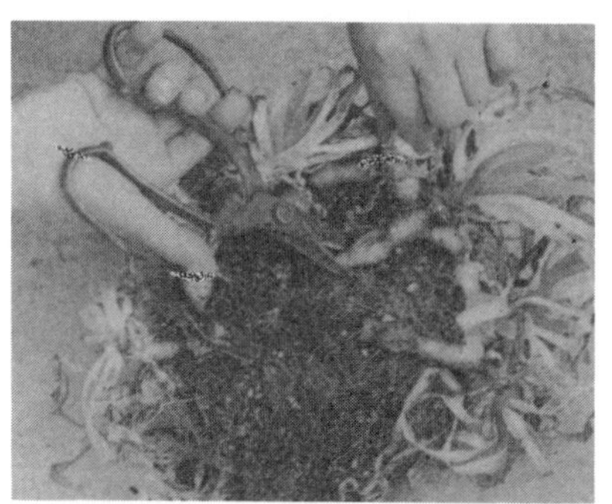

땅속줄기는 예리한 칼로 자른다(난장이붓꽃)

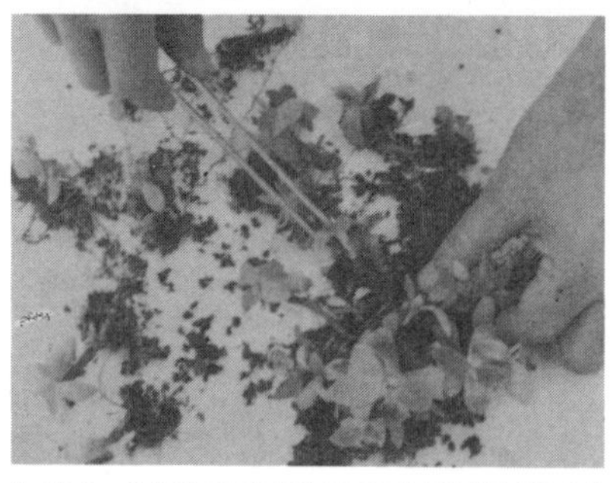

눈의 2~3개가 1그루가 되도록 쪼갠다(앵초)

새우난초의 포기나누기

연주꼴이 되어 있는 새우난초의 땅속줄기

잘라낸 알뿌리는 물이끼에 심는다
(알의 윗부분 을 노출시킨다)

- 포기나누기와 뿌리꽂이는 그루의 갱신과 증식이 되는 1석2조의 원예 작업이다.

3. 뿌리꽂이 – 잘라버리는 뿌리로 그루를 번식시킨다

앵초류, 제비꽃류, 용담류와 같이 땅속에서 뿌리가 긴 종류에 널리 응용이 되는 방법이다. 그루를 파 올려서 몇 개의 뿌리로 잘라낸다. 그것을 길이 5cm 정도로 가지런히 하여(긴 대로도 상관없지만) 강모래에 눕혀서 끝머리만 지표 가까이에 들어올리게 묻는다.

4. 줄기꽂이 – 일종의 취목

진달래류, 보춘화류 등의 줄기가 긴 종류의 대부분은 그 줄기를 눕혀서 깊이 1cm 정도 산모래 속에 묻으면서 재배한다. 나중에 땅속 마디마다에 새싹이 생겨서 그 싹이 지표에 돋아 오르는 곳에서 발근하게 된다. 마디마다 충분히 발근된 것을 확인하고 한마디씩 절단하다.

뿌리꽂이의 요령

그루에서 뿌리를 잘라낸다(앵초)

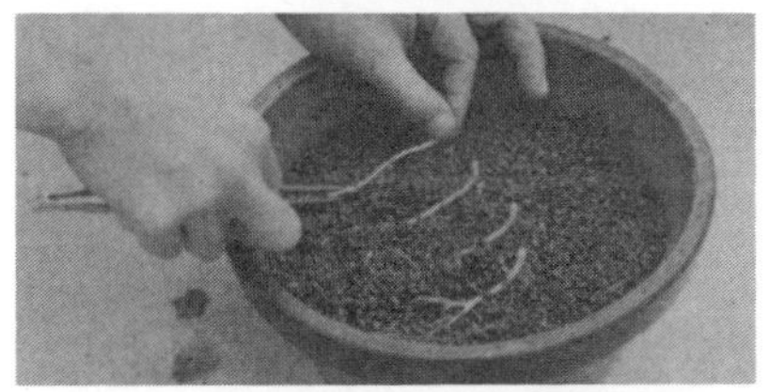

잘라낸 뿌리를 갯모래 삽상에 눕힌다.

줄기꽂이의 요령

긴 줄기를 옆으로 눕힌다.

눕힌 줄기를 산모래로 깊이 1cm 정도로 묻는다.

번식법 (2) 실생 – 씨앗으로 키운다

1. 실생의 즐거움

씨앗을 뿌려서 키운 그루처럼 애착이 가고 귀여운 것은 없다. 또 개성이 강하고 세심한 주의가 필요한 산야초가 강건한 그루가 되기 위해서는 타고난 천성이 내집의 환경에 익숙해지도록 키우는 것이 이상적이다. 그러기 위해서는 씨앗에서부터 키우는—즉 실생묘를 만드는 것이 바람직하다.

2. 파종과 씨앗의 보존

씨앗을 채취하여 바로 묘상에 뿌리는 것을 파종이라고 한다.

파종도 이듬해 봄이라야 싹이 트는 종류의 씨앗은 냉장고에 넣어서 3월까지 보존할 수도 있다. 물론 가정용 냉장고도 좋지만 냉장고 속이 온도의 변화가 적고 적당한 습도가 있는 이상적인 장소여야한다.

종자의 보존

파종하지 않을 종자는 종이 봉투에 넣어서 다시 플라스틱 그릇에 넣고 냉장고에 보존한다. 종이 봉투에는 종류명, 채종연월일, 채종장소 등을 기입하는 것을 잊어서는 안 된다.

- 씨앗을 뿌려 키운 것처럼 애착이 가는 것은 없으며 역시 이런 그루가 강건하다.

3. 씨앗을 뿌린다

지름 2mm 정도의 체로 친 산모래 화분에 충분히 물을 주어 안정시킨 다음 파종한다. 이 화분을 묘상이라고 한다. 물이끼에 뿌릴 경우에는 물에 적신 물이끼를 가위로 잘게 썰어서 이것을 분에 채우면서 물을 주고 그 위에 뿌린다. 씨앗이 크지 않으면 복토는 하지 않는다.

4. 모종의 분갈이

복엽(復葉) 식물이면 우선 쌍잎이 나오고 다음에 본엽이 나오기 시작한다.

쌍잎이 나오는 것을 발아라고 하지만 제1회의 분갈이는 본엽이 3~5매 정도 났을 때로서 이때에 원뿌리를 자르고 비로소 배양토에 심는다.

다음의 분갈이는 가을이다.

물이끼 묘상의 파종

잘 비벼서 부드러운 물이끼를 물에 적셔서 잘게 절단하여 화분에 깔고 물을 준다.

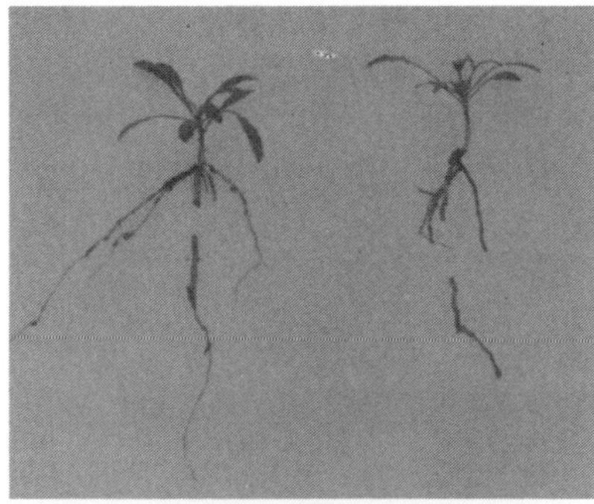

종이에 담은 씨앗을 물이끼 묘상에 뿌리고 식물명, 파종연월일을 기록한 라벨을 붙인다.

본엽이 3~5매로 성장한 묘는 원뿌리를 잘라 줄이고 배양토에 갈아심는다.

1. 꺾꽂이는 연 2회

나무인 경우 가지의 끝을 길이 5cm 정도로 잘라내서 이것을 산모래에 꽂는 것을「꺾꽂이」라고 한다.

낙엽수에서는 3~4월의 새싹이 부풀기 시작할 때에 꽂을 수가 있지만 발근의 확률이 좋은 것은 오히려 장마 때이다. 이 시기는 봄에 신장한 연한 잎이나 가지가 다소 굳어져서 가장 발근하기 쉬운 상태이기 때문이다.

2. 싹꽂이와 줄기꽂이

풀인 경우는 주로 장마기에 꽂는다. 봄부터 신장한 줄기의 끝을 꽂으면「싹꽂이」이며, 줄기의 중간을 몇 토막이고 잘라서 한 마디씩 꽂으면「줄기꽂이」이다. 어느것이나 요령은 같다.

삽상은 비료 성분이 적은 것이 좋고 산모래가 최상이다.

삽수는 길이 5cm, 꽂는 깊이는 1~2cm가 이상적이다.

꺾꽂이의 요령

가지 끝을 5cm 정도 칼로 잘라서 산모래에 꽂는다. 가급적 얕게 꽂는 것이 포인트.

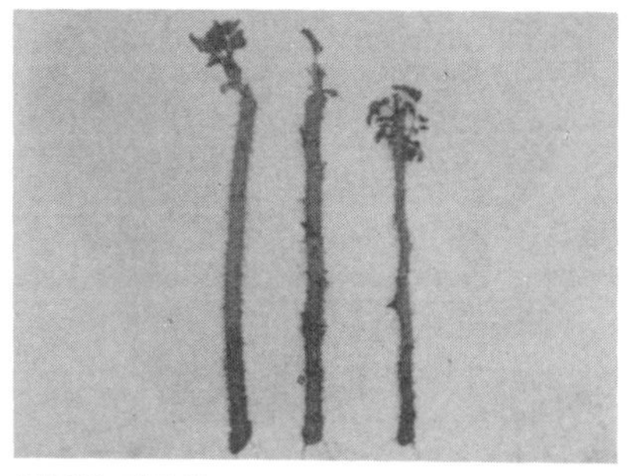

발근한 해당화

싹꽂이의 요령

줄기의 선단을 5cm 정도 잘라서 산모래에 꽂는다. 1~2cm의 깊이로 꽂는 것이 포인트

발근한 과꽃(오른쪽)

- 가급적 얕게 꽂을 것, 산모래에 꽂을 것, 이것이 성공의 비결이다.

3. 잎꽂이 — 잎만으로도 꽂는다

꽃담배를 6월에 꽂으려면 잎이 너무 크다. 그래서 아래의 그림처럼 잎을 작게 끊어서 산모래에 얕게 꽂는다. 깊게 꽂으면 발근하기 전에 썩기 쉽다.

구름송이풀, 꿩의비름류, 고산성의 버들류 등은 잎의 1매에 잎자루를 붙여서 꽂아도 잘 발근한다.

법식법 중에 가장 쉽게 할 수 있는 방법이므로 많이 이용한다.

4. 물이끼 삽상에 꽂는다

난초과의 각종은 물이끼 삽상에 꽂는다.

지상에 줄기가 있는 종류, 가령 사철란류 등은 삽수의 밑에 가볍게 물이끼를 감고 이것을 물이끼 묘상에 가볍게 묻어둔다.

진달래과의 각시석남도 같은 요령으로 물이끼 삽상에 꽂는데 이 경우는 물이끼를 단단하게 다져서 꽂는다.

잎꽂이의 요령

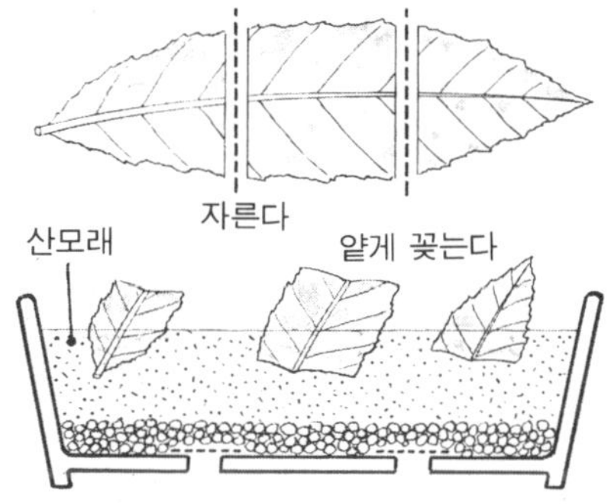

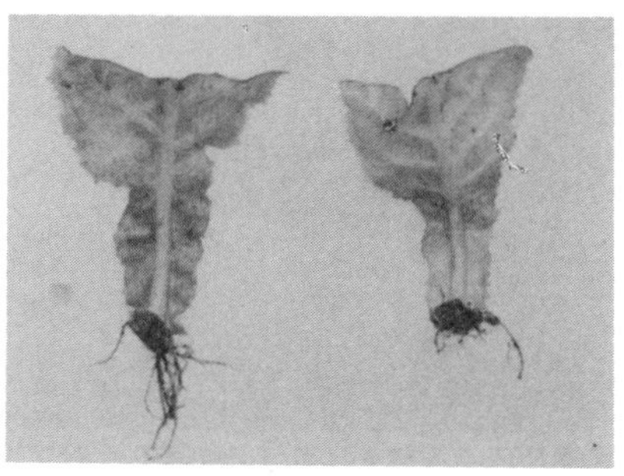

발근한 꽃담배의 삽수

물이끼 삽상에 꽂는 요령

꺾꽂이의 단면에 가볍게 물이끼를 감아서 물이끼 삽상에 묻는다.

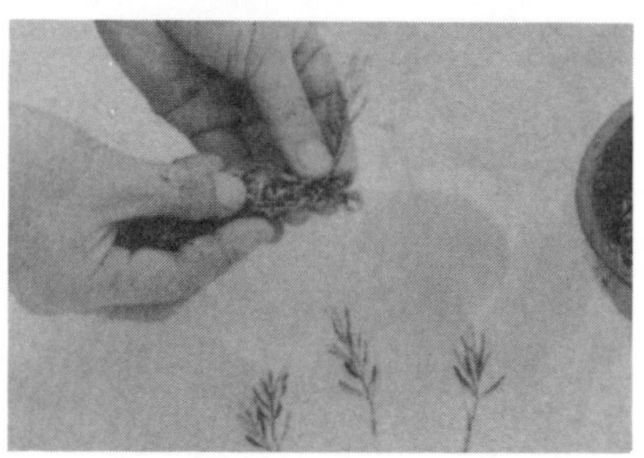

각시석남의 경우만은 물이끼를 단단하게 감아 붙이는 것이 요령.

11

산야초의 월동

1. 월동의 목적과 기간

자생지에서는 깊은 눈 속에 묻히는 종류, 겨울에도 낙엽이 지지 않는 종류, 이들에 있어서 특히 공기가 건조한 겨울은 견디기 어려운 계절이다. 지상의 잎이 지는 종류라 하더라도 양달에 놓으면 건조로 말라 죽을 것이다. 월동은 매년 11월 하순에서 3월 중순까지의 대책이다.

2. 화분 수가 적을 때는

화분이 작고 수도 적으면 상자에 넣고 밀폐하여 어둡고 시원한 장소에 두면 안전하다. 스티롤 제품의 상자가 편리한데 바닥에 물에 적신 신문지를 여러장 깔고 그 위에 화분을 넣고 뚜껑은 밀폐한다. 따뜻한 곳에 두면 온도 교차가 커서 식물이 상하기 쉬우므로 어둡고 차가운 곳에 두도록 한다.

스티롤 상자를 이용한 월동

줄기잎이 말라서 월동 잎만 남은 구절초의 겨울 모습

스티롤 상자 밑에 물에 적신 신문지를 겹쳐 놓는다.

줄기잎이 하얗게 마른 톱풀

신문지의 위에 화분을 나란히 놓고 뚜껑을 밀폐하고 시원하고 어두운 곳에 놓는다.

- 산야초의 월동 목적은 방한보다는 건조에서 지켜주는 것이다. 이것이 중요하다.

3. 화분이 많을 때

정원에 하루종일 볕이 들지 않는 곳, 또는 건물의 북쪽 등, 어둡고 추운 장소를 선정하여 화분을 지상에 모아 한랭사 등으로 아래의 그림처럼 둘러 덮어서 바람을 맞히지 않도록 한다. 겨울 동안 지상 부위는 마르고 전혀 잎에 없는 종류면 위의 장소에 화분을 묻는다.

4. 이상적인 「반 지하식 프레임」

아래 그림 같은 반 지하식 프레임이라면 내한성이 약한 종류도 수용할 수가 있다.

많은 각시석남, 감국, 한란 등도 여기라면 안전하다. 이것도 반드시 응달에 놓아야 한다. 밀폐한 두껑은 매월 한 번씩 열고 물을 주어야 한다.

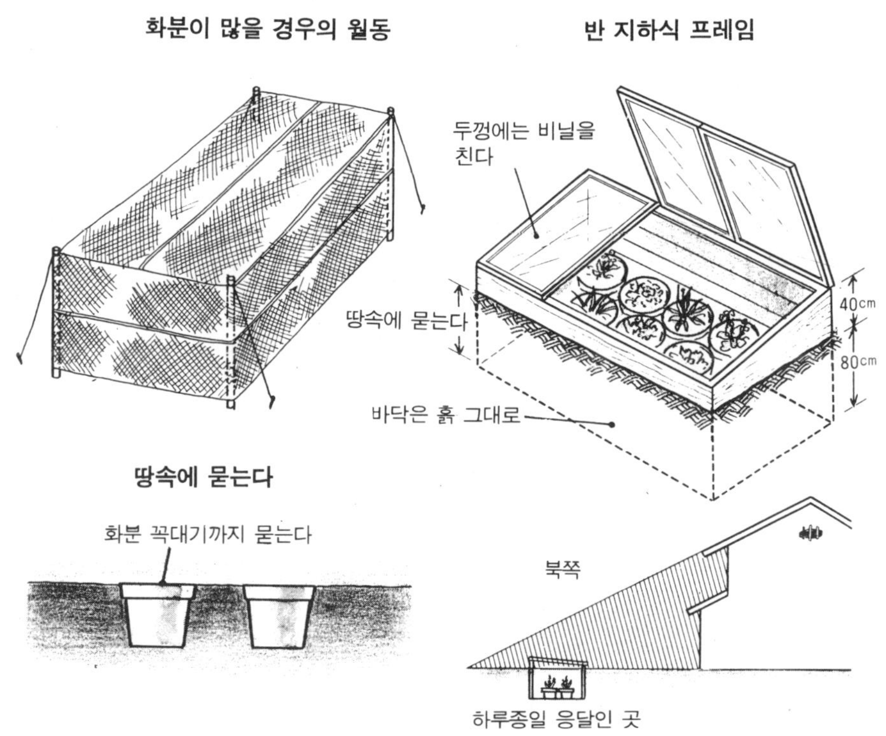

12

산야초의 비료

1. 질소, 인산, 칼리

이 3종을 비료의 「3요소」라고 한다. 어느것이나 결여되면 식물은 성장하지 못한다. 우선 질소는 줄기나 잎을 생육 시키며 부족하면 자라지 않아 작게 되고 잎의 색도 엷어진다. 인산은 꽃을 피우고 씨를 여물게 하는 것에 공헌하고 칼리는 개화에도 필요하지만 줄기나 잎을 강건하게 하여 항병력을 강하게 한다.

2. 비료의 배합은 계절에 따라 변화시킨다

산야초의 비료는 화학 액비를 주는 것이 편리하다. 화학 액비의 설명서를 보면 N − P − K = 10 − 5 − 8처럼 3요소의 배합 비율이 표시되어 있다. N = 질소, P = 인산, K = 칼리의 순서이다. 거기에서 지금 화분에는 무엇을 많이 주어야 할까. 계절에 의하여 배합이 다른 제품을 선택한다.

비료의 여러 가지

- 비료과다에는 약하고 과소에는 쇄약해진다. 산야초의 비료 주기는 세심한 주의를 기울여야 한다.

3. 밑거름에 고형비료

화학비료는 액비(물비료)와 고형비료(알비료)로 대별한다. 고형비료에는 「완효성」과 「속효성」의 두 가지로 대별한다.

분갈이 등에서 뿌리목에 밑거름으로 줄 때는 완효성의 고형비료를 주로 주고 여기에 소량의 속효성인 고형비료를 주면 좋다. 액비로서는 주로 하이포넥스가 사용된다.

4. 화학 비료를 주는 법

화학 액비는 주고 며칠이면 효능을 잃게 된다. 이 책의 각종 해설에서 「주에 1~2회의 시비가 필요하다」고 한 것은 이것 때문이다.

이 경우 비료에 표시되어 있는 희석 비율보다 조금 엷게 주고 그 효과를 주목하는 신중성이 필요하다. 이것은 밑거름인 고형비료를 주는 것과 같은 이치이다.

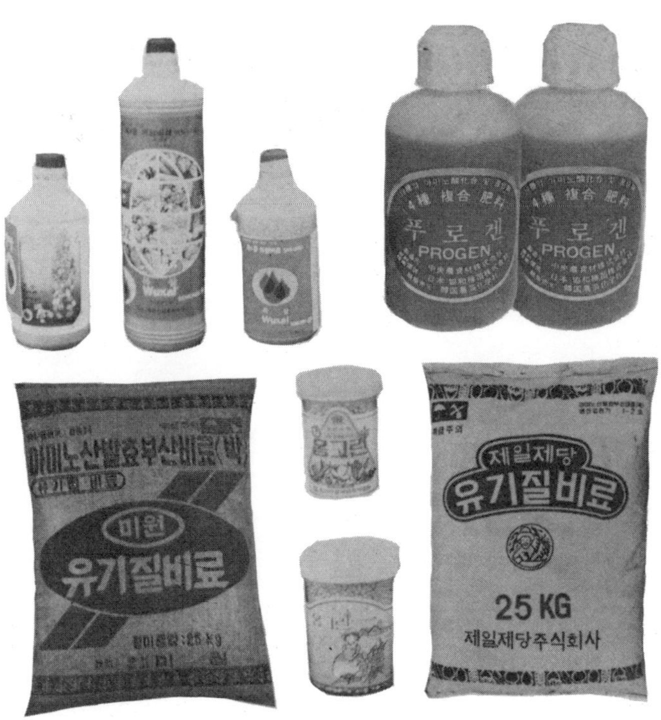

화학 고형·액비의 여러 가지

13

산야초의 병충해

1. 병해와 충해의 판별

잎이나 혹은 잎자루에 반점이 생긴다든가, 줄기의 밑둥에 곰팡이가 생긴다든가 등의 병해는 병증이 나타나게 된다.

그리고 병증은 전염되어가는 것이 많은 것도 진단의 척도가 될 것이다.

이에 대하여 충해는 잎에 갉아먹은 흔적이 있든가 잎의 뒤면에 벌레 똥이 있다든가 하는 흔적으로 구별이 된다.

2. 아무런 증상도 보이지 않는 생리장애

하나의 화분의 잎이 점점 누렇게 변하여 그렇다고 병처럼 전염도 되지 않고 병증도 발견되지 않는 것은 뿌리의 생리장애에 의문이 있는 것이다.

병균은 없고 배수 불량, 비료의 과·부족 등의 재배·관리의 소홀함이 원인인 것이다. 대책은 서둘러서 분갈이를 하고 배양토도 교환해주는 것이다.

해충에 따라서 사용할 살충제를 분간하여 써야 한다.

3. 병의 예방과 대책

화분은 통풍이 잘 되는 곳에 놓을 것과 고온 다습의 시기에는 과습을 경계할 것이며 비를 맞히지 않는 것이 예방의 중요 조건이다. 병에는 세균과 선충의 두 계통이 있어서 예방 약제도 2종을 각각 분별하여 쓴다. 그러나 아직도 약제로 고치지 못하는 병이 많다. 다른 꽃에 전염되는 것을 방지하자면 그루를 태워서 없앨 수밖에 없다.

4. 충해의 대책

살충제에는 벌레가 약제를 먹고 죽는 것과 벌레의 몸에 닿아서 죽는 것의 두 가지가 있다. 잡충이나 패각충(조개벌레) 등 껍질이 두터운 종류에는 먹이는 약이 유효하다. 단순히 살충제라고만 하지 말고 어떤 해충을 구제할 것인가를 알고 해당되는 약제를 구입해야 하는 것이다.

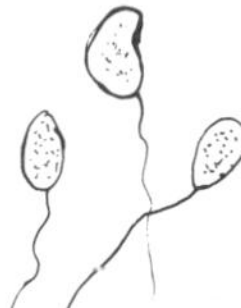
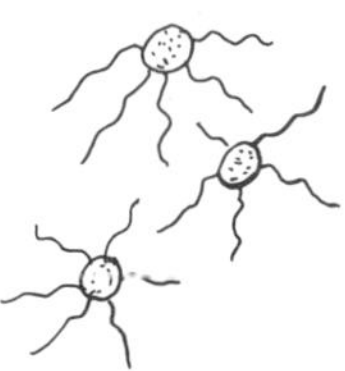

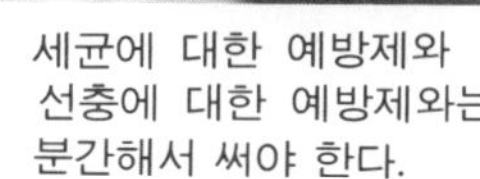

세균에 대한 예방제와 선충에 대한 예방제와는 분간해서 써야 한다.

찾아보기

ㅈ

ㅊ

취미의 산야초

편집부 엮음

발행일 2016년 3월 10일

펴낸이 • 김철영
펴낸곳 • 전원문화사
　　　서울시 강서구 등촌3동 684-1
　　　에이스 테크노타워 203호
　　　T. 6735-2100 / F. 6735-2103
등록 • 1977. 5. 23. 제 6-23호

정가 • 16,000원